湘西王
陈渠珍

罗 维 ◎著

内容提要

他是古老湘西军团最后一位首领,将臭名昭著的湘西土匪锻造成抗日战场上的铁血战士;他在贫穷落后的民国湘西不遗余力推行自治,使湘西一度出现辛亥革命后最好局面;他曾与共产党为敌,却又是新中国成立前湘西和平起义的大功臣;他文武双全,亦儒亦侠,写出惊才绝艳的传世之作《艽野尘梦》;有人说他是杀人如麻、压迫百姓的军阀土匪,也有人认为他是始终为湘西前途在操劳的地方官。他与熊希龄、沈从文一起号称"凤凰三杰"。他被后人公认"人奇"、"事奇"、"文奇"。他就是陈渠珍,是民国时名震西南、统治湖南边陲长达二十余年的"湘西王"。

责任编辑: 蔡 虹 张筱茶

图书在版编目(CIP)数据

湘西王陈渠珍/罗维著. —北京:知识产权出版社,2012.12
ISBN 978-7-5130-1695-7

Ⅰ. ①湘… Ⅱ. ①罗… Ⅲ. ①陈渠珍(1882~1952)—人物研究 Ⅳ. ①K825.2

中国版本图书馆 CIP 数据核字(2012)第 260953 号

湘西王陈渠珍
XIANGXIWANG CHENQUZHEN

罗 维 著

出版发行:	知识产权出版社			
社　　址:	北京市海淀区马甸南村1号		邮　编:	100088
网　　址:	http://www.ipph.cn		邮　箱:	bjb@cnipr.com
发行电话:	010-82000860 转 8101/8102		传　真:	010-82005070/82000893
责编电话:	010-82000860 转 8114		责编邮箱:	baina319@163.com
印　　刷:	北京雁林吉兆印刷有限公司		经　销:	新华书店及相关销售网点
开　　本:	787mm×1092mm　1/16		印　张:	13
版　　次:	2013年2月第1版		印　次:	2013年2月第1次印刷
字　　数:	156千字		定　价:	28.00元

ISBN 978-7-5130-1695-7/K·160(4536)

出版权专有　侵权必究
如有印装质量问题,本社负责调换。

大丈夫行事，论是非，不论利害；论顺逆，不论成败；论万世，不论一生。

——明末清初·黄宗羲

目 录

序（一）··· 1

序（二）··· 5

楔子　一支军队··· 1

　　1937年11月，号称"天下无敌"的侵华日军在上海附近的嘉善县城遭遇了一支中国土著军队。双方杀得天昏地暗，血流成河。从日寇所占据的枫泾镇到嘉善县城只有11公里，但以飞机、大炮开路的日军却走了7个昼夜，正所谓"一寸山河一寸血"。这支中国军队的官兵大部分来自湘西竿军，陈渠珍则是这支古老军团的最后一任首领。

第一章　一座小城··· 9

　　要了解湘西王陈渠珍是怎样炼成的，必须了解他出生的这座小城——凤凰。近代凤凰不光出了陈渠珍，熊希龄、沈从文也都是凤凰男，他们三人并称为"凤凰三杰"。除了他们，还有民国第一任湘西镇守使田应诏，晚清时期将领郑国鸿、田兴恕以及当代著名画家黄永玉都是原籍凤凰的人物。为什么区区小城，近代以来会出现这么多精英、人杰呢？

第二章　竿军后代··· 20

　　所谓"无湘不成军，无竿不成湘"。湘人曾国藩召集家乡子弟组成"湘军"，经过铁血征战，消灭太平天国，拼死挽回朝廷败局，从此"湘军"声名鹊起。那竿军与湘军有什么关系？竿军又对近代凤凰有什么影响呢？1882年，在这个民族危机日益深化，清朝的封建统治越来越成为时代前进障碍的大时代背景下，陈渠珍呱呱坠地，出生在苗疆边城凤凰的一个竿军军官家庭。

第三章　入川戍边 ·· 28

　　陈渠珍通过自己的勤奋，在最初的生命轨迹中完成了由边城到省城，由士人到军人的转型。作为湖南武备学堂毕业后任职湖南新军的一名年轻有为的军官，万丈红尘才刚刚在他面前拉开帷幕，陈渠珍却决定解职归乡。在推翻清朝廷的革命越来越风起云涌之际，陈渠珍为何没有投身革命，反而决定到千里之外的四川去戍守边疆呢？

第四章　西征雪域 ·· 37

　　1909年，陈渠珍随川军援藏，成为晚清政府出兵西藏、治理西藏事务的历史见证人。他的一生从他援藏开始，一次又一次与死神擦肩而过，这让他感到祸福莫测，生命无常。他在雪域高原之上经历过一些怎样的险境呢？他在塞外建功立业的理想能实现吗？辛亥革命的枪声又是如何打碎他封妻荫子的士大夫之梦的呢？

第五章　艽野尘梦 ·· 48

　　1936年，陈渠珍被迫交出兵权，他一手培育的竿军健儿则踏上了前途未卜的抗日战场。政治的险恶，世事的无常，欲施展抱负却又处处受制的困境让他迷惑和苦闷。在长沙闲居的这段难得的安静时光让他开始回忆起遥远的过去——那一年春暖花开的时候，一个汉族军人与一个藏族女子在高原上相遇……从来不曾想起，只是因为永远也不会忘记，这一段感人至深的爱情传奇成就了一本奇书《艽野尘梦》。

第六章　崛起湘西 ·· 60

　　陈渠珍安葬病故的西原于西安雁塔寺，然后启程回湘。不曾想在他于大漠中茹毛饮血、与狼争食之际，中国已经发生了翻天覆地的变化。异域归来，国易共和，改天换地，物是人非。陈渠珍将如何另起炉灶，从头开始，闯出一条乱世英雄之路呢?

第七章 湘西剿匪 ·· 72

1920年年初,谭延闿任命陈渠珍为湘西巡防军统领,又兼剿匪总指挥,陈渠珍自此开始执掌湘西军政大权。手握重兵之后他采取了一些什么举措来巩固自己的地位,发展竿军实力的呢?民国湘西为何多匪,湘西土匪到底是一群怎样的人呢?陈渠珍又是如何保境息民,成功剿匪的呢?陈渠珍到底算不算土匪?

第八章 "大同"之梦 ·· 83

1921年湘西王陈渠珍将部队移驻保靖,整肃军队,收编土匪,实行地方自治,湘西竿军与地方上面貌都焕然一新。"当时弦歌之声,遍及苗乡",湘西出现了辛亥革命后的最好局面。陈渠珍将如何治理湘西,实现他的为政理想呢?

第九章 反目成仇 ·· 96

陈渠珍成为一方诸侯之后,办教育、搞实业,一心一意要把湘西建设成一个民风淳厚、安乐自足的桃源世界。可是世上没有世外桃源,没有一片可以完全和外界隔绝的净土。时局动荡、兵荒马乱的年代,紧接而来的战乱以及部下田义卿的背叛无情地击碎了他温暖的梦想,令他第一次引咎下野。而田义卿,这个湘西古惑仔也无法避免强人所注定的悲剧命运。

第十章 军人良心 ·· 107

20世纪30年代,陈渠珍吸取川军过境的教训,认识到枪杆子的重要性,大力抓军队建设,由此《军人良心论》腾空出世,令湘西竿军达到了历史上的鼎盛时期,也迎来了民国湘西的"黄金时代"。"良心论"究竟是一种什么哲学思想,可以让培养出来的竿军在抗日战场上如此英勇呢?对于今天它有什么启示作用呢?

第十一章 "双龙"传奇 ·· 122

要讲民国竿军中的传奇人物,一定绕不开这两条"龙",一是贺龙,在竿军中时如潜龙在渊，后来寻求光明，追随革命，终于龙飞在天，成为开国元帅；另一条"龙"是龙云飞，剥皮杀人，义气任侠，曾是竿军大佬，国民革命军少将参议，抗日战场上的一员猛将，晚年却误入歧途，逆潮流而动。他们各自有着怎样的传奇呢？和陈渠珍有什么关系呢？为什么他们的命运有如此巨大的差别呢？

第十二章　几番风雨·· **134**

陈渠珍苦斗湖南省主席何键，在国、共之争中殚精竭虑，却终难抵挡地方割据结束的历史趋势，最终被迫交出军权，赋闲长沙。"更能消几番风雨，匆匆春又归去。"坐着冷板凳，英雄无用武之地的他会甘心于这样的命运吗？东山再起之后，陈渠珍却不愿摧眉折腰事权贵，终落得个避难辗转南川等地、形同软禁长达七年的境遇。

第十三章　侠骨仁心·· **148**

陈渠珍被流放在外7年，1945年秋终于得以回到故乡凤凰。"昔我往矣，杨柳依依，今我来思，雨雪霏霏。"虽然山河破碎，家园凋零，陈渠珍仍以惊人的毅力重建家园，昔日湘西王，如今一布衣，自力更生，活出骨气。要不是1949年湘西沅陵兵工厂遭劫，群魔乱舞，陈渠珍是不会再过问政治的。他重出江湖，收拾湘西，并且欣然配合解放军，和平解放湘西。

附录一　沈从文与竿军及陈渠珍的渊源考证················· **162**

附录二　陈渠珍生平简表·· **172**

附录三　参考书目··· **178**

缘起（代后记）··· **180**

序（一）

《湘西王陈渠珍》这本书，是湖南警察学院罗维副教授根据她今年8-9月在湖南省教育电视台"湖湘讲堂"栏目上的讲稿整理成书的。我曾组织我的家人和部份亲友不仅收看罗教授的讲座，而且还通读了这本书的稿本。大家认为，《湘西王陈渠珍》如实反映了湘西近代的历史，还原了先父本来的面目。全书共13章十多万字，资料翔实，逻辑严密，语言朴实，可读性很强。我读着读着不禁浮想联翩。当忆及先父九死一生的坎坷历程时，常常掩卷涕泣，情难自己。现在由北京知识产权出版社出版发行，我作为陈渠珍的女儿，特向罗教授和出版社编辑表示衷心感谢和热烈祝贺！

罗教授是专门研究"匪文化"的学者，曾有专文专著面世，颇受读者关注。湘西原是"中国盲肠，匪患丛生"的地方，特别是对有争议的先父评价问题，更为她注意。当罗教授广泛搜集资料，实事求是进行深入研究后，认为先父不仅不能算是土匪，而且是一位横跨清末、北洋军阀、国民党与共产党领导的四个时期的侠骨仁心湘西人杰。因此，罗教授所著《湘西王陈渠珍》全面反映先父在上述四个时期的跌宕起伏、审时度势的奋斗历程。

罗教授认为，所谓"土匪"，一般是指那些专门从事劫掠、扰乱社会秩序，非法的地方武装。她说，从先父的出身、职务及其活动来看，

都是当时合法政权的合法行为,不存在上述土匪行径。虽然在扩大军中曾经"招降纳叛"收编了不少"土匪"。但他进行了大力整顿和改造,实行"五统一",督导官兵严格执行了"四大注意、九项禁令"。同时提出"治兵先治将,教人先教心"的主张,亲自撰写《军人良心论》作教材,先后举办军官教导团,或利用各种学习班,进行思想教育,改变官兵人生观,从思想上明确"人民是我们军人的主人",我们要用良心来保护人民,良心就是利人利己。因此,"有良心的人拿枪才是军人,没有良心的人拿枪便是土匪";"军人不但要利己利人,还要进一步杀身成仁。"由于先父既注意提高部队战术素养,又加强官兵的思想教育,从而增强了官兵凝聚力,部队战斗力提高。在他统率下,不仅肃清了境内匪患,而且湘西子弟参加护国、护法、北伐、抗日等等战争,均取得了可歌可泣的战绩。同时还积极推行"保境息民",乡村自治,使湘西地方一度出现和谐稳定的新局面。

先父是一位军人却喜爱读书,不断著述。即使在戎马倥偬中也从不懈怠。曾在他身边工作过的沈从文先生回忆说:"这统领官是以王守仁、曾国藩自诩的军人。每个日子治学时间,似乎须同治事时间相同"。先父在日常生活中,坚持黎明即起,漱便后即写日记,或注释经传,或朗颂经书,数十年如一日。在军政活动中,除了亲自起草序、跋、讲话、函电、诔文外,还撰写了《艽野尘梦》、《军人良心论》和《湘局二十五年之一瞥》三本专著。前者,系追述他清末远征西藏,后经康藏青高原返回的艰苦惊险及与藏女西原的一段生死恋情,故事曲折,情节感人。藏学家任乃强教授赞誉这本书说:"人奇事奇文奇,既奇且实……比之《鲁宾逊漂流记》则真切无虚。"网络上的读者称它是"西藏人文笔记,史上的奇葩"。次者,以问答形式论证了以仁治军理政的必要性和可行性。被人赞誉说,这种军事思想是西方进化宇宙和中国传统儒释道文化糅合的结晶,体系完备精密。"后者,则是评论省政当局的措施得失,忆已散失,惜未能出版。先父写作态度十分严肃认真,直面现实,忠于历史。他曾说:"我宁以诚而失败,不以伪而成功。"所以,著名画家黄永玉先生在《寥天一庐祭》中赞誉说:"先生是卓越的文学家、政治家、军事家……生活简朴,博学渊雅,见解宏阔,无愧人称山水精英。"

先父崇尚孔孟,以仁治军理政,笃行中庸之道。他认为"人类……都有同胞共母之关系,有骨肉手足之相亲。古人说'乾父坤母',又说'民胞物与',就是此意。所以相互扶助是人道的极致,也就是仁的全体大用。"在民国初期军阀混战中,曾有人向他建议:如今我军已是将多兵广,可以西上贵州或东下中原去大展身手。他回答说:"君子之道,不为已甚,不乘人之危。我与湘西父老,血肉与共,不忍远离。"并随即召开军官会议进行疏导。他说:"秦始皇武功盖世,不过二世而亡命;项羽武力超群,结果落得乌江自刎。可见,武力从来不足恃。湘西混战多年,民不堪苦。如今要以自治为方,以教化为重。当务之急是办学校,兴实业。希望大家一心一意,共襄大业。"于是,先父"以保境息民为帜志",大力推行乡自治,倾心发展教育、实业、慈善、团务四项事业,策划湘西向现代文明进军。虽然在这些方面都取得了一定效果,但却好景不长。由于他深受文化上的保守主义和政治上的地方主义束缚,固守仁道。以为我不犯人,人一定不会犯我,幻想创建世外桃源。孰不知在军阀混战中,凡是不符合统治者利益的任何举措,都不可能付诸实施。因此,他始终只能偏居一隅,有时自己还被逼得离乡背井,远离湘西去谋生。这是值得惋惜的。

注：

五统一：即统一部队番号，统一武器装备，统一标准供给，统一官兵着装，统一军风军纪；

四大注意：即一要注意交往语言和气谦让，二要注意对群众称谓要按亲人老少辈序，三要注意讲理要平和疏导，四要注意交易宜公平；

九项禁令：即严禁拉伕，严禁擅入民房，严禁擅取民物，禁止吸烟酗酒，严禁调戏妇女，严禁诈骗民财代人索债，禁止干涉词讼，禁止估当物品。

陈元吉

2012 年 10 月 30 日

序（二）

罗维和我是闺密。我一直不清楚这个词到底应该写作"闺蜜"还是"闺密"，只是更偏爱用"闺密"——闺中密友这个词。"蜜"字太甜腻，既不适合罗维，也不适合我。

罗维出生于芷江，此地古为沅州，"澧兰沅芷"在历史上是动人名词，屈原的《湘夫人》所吟唱的"沅有芷兮澧有兰，思公子兮未敢言"今天依然能够令人神伤，实与芷江的香草兰花分不开。但这个极度浪漫的地方另一方面又是民国时期土匪频繁活动的区域，当地人颇以血脉里的匪性为荣。我常常不由得想象，如今外表温婉优雅的罗维，当年大概也是一个光着脚丫子在山谷里尽情撒野的小"女匪"吧。

而我虽然出生在长沙城，可一出生就被送回乡下外婆家，父母在城里工作，自由的田野空气彻底释放了我的本性，以至于到了该上幼儿园的年龄被父母接回城时，我拒绝跟幼儿园老师和小朋友说话，宁可寂寥地独处一隅。父母拿我没法，只好再把我送回乡下，任由我疯玩到该上小学的时候。

所以我想，我和罗维的缘分大概是上天注定的。我们同在长沙历史悠久的名校——长郡中学就读，高中有缘成为了彼此"同桌的你"。那时的我们，都是"文艺青年"，不好好听课，每每在课堂上"走私"：表面上很乖巧地听课记笔记，其实写的全是探讨文学、人生、爱情之类的私房话。还"带坏"了坐在我们前后排的同学,全盛时候,一共是六个人在笔谈,可谓成一时风气。

各自进入大学后,罗维读的是中文系,而且此后的硕士、博士研究生阶段一直踏踏实实沿着"现当代文学"的专业路线往前走,我则怀着一腔文学梦从外语系辗转考回了中文系古代文学专业的博士。当年的两位"文艺女青年",终于以各自的方式殊途同归地在中国文学里安顿了精神家园。

然而,所谓的"踏踏实实"并不意味着骨子里的野性泯灭。我总是很宿命地认为:人生中很多看似不起眼的细节,也许在未来的某个时刻会成为你人生重大事件的伏笔。罗维从中文系本科毕业后,竟然穿上了警服,成了湖南警察学院的一名教师。这一事实再一次印证了我那固执的"宿命论":这个外表端庄清丽的大家闺秀,骨子里的野性是必须走近她才能体验得到的。

以我与罗维多年闺密对她的理解,这是一个与众不同的女子。"美貌加智慧"这样的形容词如今已经被用得太过泛滥,反而不足以彰显独特女性的魅力。我以为,罗维的魅力在于:她永远是那个会带给你惊艳感觉的女子!

就是这个词了——"惊艳",我要毫不犹豫把这个词送给罗维的。换言之,罗维的美,是那种总是可以带给你出乎意料的惊喜的美。即便这么多年,我们同居一个城市,相见的频率自然不低,她仍然每次都能带给我常见常新的感觉。在此仅略述几种吧。

"惊艳"其一。能够将文学博士与公安警察联系在一起的也许并不止罗维一人,但能将两者的精神实质糅合为一体却并非人人都能做到。作为女性,研究文学很容易让人耽于华丽的梦想,穿上警服又极易让思想被纷繁的现实所遮蔽,罗维却以自己的敏悟,将这看似矛盾的两者融合成颇具湖湘文化精髓的济世情怀，不由人不对她产生惊艳般的欣赏。

这一点，在罗维的新著《湘西王陈渠珍》中多少可以得到印证。因为专业研究的局限，我此前对陈渠珍可说是一无所知，直到罗维登上湖南教育台湖湘讲堂主讲《湘西王陈渠珍》，我在此领域才算得以启蒙。从书中看来，陈渠珍本身就是一个身份复杂的人，他既是一名拿着枪杆子打天下的军人，又留下了惊采绝艳的文学著作《艽野尘梦》，其哲学思想还凝结成《军人良心论》一书；20世纪从清末到北洋军阀时期再到国民党执政，最后进入新中国，历经四个时期的风风雨雨，他都有惊无险地趟了过来，这该需要怎样的智慧？这样的智慧又需要怎样深刻的灵魂才能与之对话？

罗维就是拥有如此智慧的人，她的智慧使她足以与近百前那位叱咤风云的英雄豪杰对话。她在总结陈渠珍的处世哲学时这样说道："从一个曾和共产党为敌、号令无数湘西强人的湘西王，最后成为新中国人民政府的委员。'审时度势，知雄守雌'，这八个字确实不简单，它包涵了陈渠珍终其一生的处世哲学。这哲学令陈渠珍走过了晚清坎坷的军旅之路，撑过了被国民党嫡系排挤冷落必欲除之的危难，又在国共之间作出了明智选择得以安度余生。"

不过，与其说罗维是在欣赏陈渠珍的处世智慧，毋宁说她更钦佩陈渠珍的济世情怀。在她眼里，陈渠珍兼有军人魄力和士人情怀，她在书中如此评价："从陈渠珍的行为范式、思想倾向以及价值理念中不难看到对曾国藩的效仿，尤其是他重实践的品格可以说是贯穿了他一生，说他是以曾国藩为代表的湖湘文化精神在民国时期的一位传承者当不为过。曾国藩其实是陈渠珍的一面镜子，和曾国藩一样，陈渠珍渴望的不是逐鹿天下，成就霸业，那不是士人的梦想。他梦想的是传统的'齐家治国平天下'的价值观，是实现平治天下的王道。"

序（二）

我想，罗维是充分理解了陈渠珍的济世情怀的。然而，如果不是作者首先具备了这样的情怀，又何以能如此贴近地去感受陈渠珍呢！

"惊艳"其二。都说女人是一本书，而罗维又是一个如此勤奋的书写者。二十多年来，我眼看着罗维从写一本小小的"图书"，慢慢成熟、丰厚并且深刻，眼看着她不断挑战自己又不断超越自己。连我都会觉得诧异：这个外表并不高大强悍的女子，哪来如此大的能量不断刷新自己的高度？

本科毕业即能进入高校当老师，而且还是穿警服的老师，这在一般人可能已经是很容易满足的职业了。然而罗维没有满足，她先是读了在职的研究生，又考上了博士，成为警察学院第一位文学女博士。"女博士"这个头衔本来已足够能唬人，但有一天她对我说："我想走出湖南，感受一下其他地方的学术氛围。"我知道，那是她一直以来的一个梦想。于是，在她已为人妻为人母的时候，她又选择了到北京师范大学做博士后。她常常整天整天沉浸在国家图书馆，也流连在北京那些具有深厚历史人文底蕴的古迹之中，她会为了拜访一位衷心钦佩的学者而专程坐火车赶到遥远的地方，只为了心中某个疑惑需要释然……

五年前，罗维选择土匪作为博士论文的研究对象，这又让我吃了一惊：穿着警服的文学博士要写土匪？而且还是一位漂亮的女博士！后来，她的博士论文出版，书名已足够让人震撼——《百年文学的匪类叙事研究》。警与匪的矛盾，古代与近代历史的交织，文学与武力的冲突，看罗维如何像一位心灵手巧的织工将它们从容不迫地串联在一起？我曾经对她这一选题不无担忧。但最终，罗维再一次证明了她的实力。

我认为自己应该找到了罗维总是能在难题中挑战自己和超越自己的原因所在。她曾说过："读博的四年中，我的思想世界只有两个中心词，一个是悲悯，一个是匪。我以为，文艺的研究不应当只沉醉于文艺本身,而应扩延进生命的内容,注入一种生命情怀……在悲悯的观照下,对'匪'的文学探索,就是对我们自身境遇的一种洞悉。"

如此说来,罗维选择警察作为职业,选择土匪作为研究对象,看似矛盾,其实都是源于一个一以贯之的生命情怀——悲悯。当思想的高度达到对人世的悲悯境界时,警也好,匪也好,文也好,武也好,他们之间本无矛盾,都只是对人的存在状态的一种反思与洞悉。罗维能够获得知难而上的动力,正是出于这种深深沉淀在她灵魂深处的悲悯情怀吧。

"惊艳"其三。罗维曾自称是一个骨子里颇具"匪性"的女子,以我对她的理解,"匪性"在此是一个绝对的褒义词,它更侧重于个性的张扬、血性的释放,是不束缚自己灵魂飞扬的饱满情感。这不仅从她的性格中可以体会得到,在她的文字中仍然有遮掩不住的气韵流动。

例如在《湘西王陈渠珍》一书中,她用饱含激情和同情的笔墨描述了陈渠珍和藏族女子西原的旷世绝恋。这段充满浪漫色彩却又以悲剧告终的爱情,成就了陈渠珍生命中唯一的一本文学著作《艽野尘梦》。而罗维则这样描述她读过《艽野尘梦》后的感受:"记得好几年前,第一次读完《艽野尘梦》之后,我的读后感就是如果能穿越一回,回到一百年前,我也会拿命去爱上这个侠骨柔肠的湘西男儿。"

文学研究需要理性,然而如此感性的文字需要用发自生命的激情才能迸发。我相信上面这段文字不是罗维的文学夸张,而是她内心的一种召唤。我毫不怀疑如果她真的生活在彼时彼地,她会选择当一回西原,用生命去诠释爱情的;我也相信彼时彼地一定会有一个陈渠珍在那里等着,等着与她有一场不见不散的约会。

女人的生命,必须像花一样绚丽地绽放,火一样激情地燃烧,在人世间走这一遭才算得上是不虚此行。

侠骨与仁心,激情与柔肠,如此矛盾又如此和谐地统一在陈渠珍身上；而百年后，也有一个如此侠骨与仁心兼具，激情与柔肠兼容的罗维来书写他、同情他。此处的"同情"自然不是怜悯，而是"情同此心"之意。正因为有此同情，才使得《湘西王陈渠珍》具备了情节的跌宕、情绪的起伏、情感的饱满，才让人读之不由深深为之感动，仿佛在那个血雨腥风却又激情洋溢的时代走进了充满匪性和神秘魅惑力的湘西，怎不令人油然而生惊艳的震撼！

辽阔的历史视野，理性的生命反思，激情的文字张力，熔铸成了这本令人捧读而颇能有所获的《湘西王陈渠珍》。我想，读者会从陈渠珍传奇的人生以及罗维的字里行间寻觅到属于各自的感动和思考，而在此，我还是以罗维在书中的文字来结束这篇颇有些冗长的序言吧：

要改变一个仿佛在时间流逝中静止的民族何其难也，要让他们面对生存和发展的意识和精神发生改变又更是多么的难！然而不管有多么难，陈渠珍都勇于实践，用湖湘精神中经世致用、敢为人先的精神去努力，你可以认为他是和风车作战的堂吉诃德，认为他是不顾干渴狂追烈日的夸父，也可以在西西弗斯这位不知疲倦地将重新滑下山坡的巨石推上山顶的古希腊神话英雄的身上看到他的影子……青山依旧在，几度夕阳红，如今历史只留下芫野尘梦一缕，留下曾经守护这片土地的古老兵团最后一个首领那无比悲壮和苍凉的手势。

陈渠珍的时代已然结束，然而我确信，罗维还会以她的勤奋与智慧不断带给我们新的"惊艳"。无论世事沧桑，我会是那个一直在她身旁欣赏着、支持着她的朋友。

杨 雨

2012 年 10 月 25 日

楔子 一支军队

1937年8月13日，中国最大的城市上海遭到了日本军国主义者的侵略，拉开了淞沪会战的帷幕。日寇凭借着虎狼之师、精锐装备狂妄宣称"一个月内占领上海，三个月内灭亡中国"。然而中国人并没有屈服于日寇的淫威之下，中国军队与日寇展开了殊死搏斗，三个月的拉锯战中，东方最为繁华的都市变成了一部庞大的"绞肉机"。

三个月后，上海最终失守，蒋介石下令全军撤离淞沪地区，同时日寇另行开辟战线，在杭州湾的全公亭、金山卫强行登陆，企图突破嘉善防线向东推进，支援上海日军，再向杭州推进。于是，嘉善成了敌我争夺的焦点。

正是在这里，号称"天下无敌"的侵华日军遭遇了一支来自湘西边地的中国军队。双方杀得天昏地暗，血流成河，可谓惊天地、泣鬼神。结果是谁胜出呢？这支中国军队和沈从文笔下美丽的边城凤凰又有着什么关系呢？

1937年11月7日凌晨，嘉善。

这个温婉明秀的江南水乡，在即将来临的战争阴影下已经成了一座空城。

老百姓都已经转移，剩下的最后一个人，就是还算忠于职守的县长。他手上提了一串编了号码的钥匙，正在火车站焦急地等着前来接防的中国军队。终于一列老式货车改装而成的军用专列一摇三晃地驶进了车站，从宁波赶来接防的军队总算到了。

按道理，看到军队来了，人心里应该踏实一些，可是县长看到这支军队时，估计逃命的想法更加强烈了。

为什么呢？陆续下来的士兵们打扮相当另类，不是平常大家看到的国民党军人的模样，而是一律头上包着青头帕、穿着褐色对襟衣，脚上绑着黑绑腿，黑压压的一片。一看就不是老蒋的嫡系部队，不知是哪里来的杂牌军凑数的。他们的武器装备让县长看了更想哭。这些士兵身上背的是仿汉阳造的火枪，按照今天我们对非法的地方制造的火器的说法，只能叫仿真枪。然后还有冷兵器时代最流行的大刀和长矛，幸亏有火枪，不然这支军队会让县长有穿越到古代的感觉。

仿真枪、大刀，还有长矛，用这些玩意儿对付四条腿的狼可以，能对付武器装备现代化、飞机大炮样样有的日本军队吗？毛主席说过，在战略上可以藐视敌人，但打起仗来不能真当人家是灰太狼啊！

一切表明他们不是老蒋的嫡系部队，是过来拖住敌人当炮灰使的。不过县长也顾不得细想，逃命要紧，把钥匙交给前来接防的副师长后，县长如释重负，立马逃之大吉。

这串钥匙是干吗用的呢？是用来打开县城东郊的100余座钢筋水泥铸成的国防工事地堡的，阻击日寇的战斗将在那里展开。

来的这支部队是国民党的一二八师。

一二八师确实并非蒋介石的嫡系。老蒋精着呢，他让自己的嫡系部队都往后方撤，以保存实力，让非嫡系部队先去和日军拼命，既抗了日，又削弱了异己的军事实力，达到了双赢。只是所有的人，从蒋介石到日本人都没想到被他们轻视的这支部队却创造了一个抗日战争史上的神话。

嘉善一二八师

一二八师的大部分官兵都来自于山沟沟里，一个名不见经传的湖南小县城——凤凰。当然如今凤凰是名满天下，是大作家沈从文笔下如诗如画的边城，号称中国最美丽的小城，旅游胜地。但民国那会儿，还是标准的穷山恶水、蛮荒之地，多"深山雾谷寒苦之民"。这些军人的装备除了火器，他们真和半个多世纪前参加湘军与太平天国之役的祖辈们没有什么区别。与武装到牙齿的日寇相比根本不在一个级别，他们没有大炮，没有飞机，弹药也不足。

问题是，这样一支看上去不知从那个深山老林里钻出来的部队，仅仅靠血肉之躯能挡得住日本现代化军队的大炮飞机吗？

11月9日，嘉善阻击战的第一天。

凌晨，日寇以多兵种联合向一二八师麾下的七六三团阵地开始发动猛攻，先是动用飞机狂轰滥炸，接着又以大炮轰击，然后是日本兵"叽里哇啦"地向阵地狂扑过来。这时炮排已经全部被日军炮火摧毁，剩下的只有地堡里的机枪和战壕里的步枪。不过中国军队始终进行着顽强的抵抗，每待大炮一停，全团立即予以还击，把日寇阻止在阵地之前，等

楔子 一支军队

到日本士兵逼近时，团长便率领士兵发起冲锋，与日军展开肉搏战。等到日军退下去，大炮飞机再次发动攻击时，士兵们又赶忙躲进工事地堡里去隐蔽。如此一天，打退敌寇10多次进攻。若用枪林弹雨来形容当时情景完全不是夸张，猛烈的炮火直打得士兵们抬不起头来。身边的泥土都焦了一大层，何况这些血肉之躯呢。然而军人们一片片地倒下，却没有怕死的，只要腔子里还有口气在，他们就一直跟日寇顽强地战斗着。

到了晚上，就看我们的了。这时阵地上一片寂静，一片漆黑，什么也看不见，日寇不敢妄动。一些中国士兵则借着夜色悄悄来到敌人的工事附近，去摸日寇的"夜螺丝"。什么是"摸夜螺丝"呢？这是他们的家乡话，意思是指晚上出去跟踪和自己有过节的人，然后找机会下黑手，或者几个人打抢一个人，做完了也神不知鬼不觉。这放在老百姓中间，那叫土匪强盗的干活呀。不过重要的不是手段，而是目的，如今用来晚上对付日本鬼子那就是师出有名的侠义行为了。看来这些乡巴佬个个对这行当很熟悉，又都是练家子，会武功，行动敏捷利落，容易得手，杀了不少日本兵，搞得日军心惊胆战，很忌惮与中国军队夜战。

第二、第三天，日寇仍然采取陆空协同战术，中国军队阵地上弹坑累累，硝烟滚滚，部分工事被炮火夷为平地，有些守兵也被活活埋在工事之内。但一旦敌人进入100米之内后，守兵们冲出工事，顽强与日寇实行白刃拼刺。近战守兵们就占优势了，中国功夫再次大显神威，这些汉子出奇地彪悍，出招又狠又准，个个如猛虎下山。战斗十分激烈，中国军队伤亡已经过半，但阵地仍在中国军队的手上。而这时，士兵们已经3天靠啃饼充饥了，因为为了防敌机轰炸，不能生火冒炊烟暴露目标。

第四天，日军攻击升级，用两个联队的兵力猛扑阵地。先是飞机，后是大炮，炸完后，最后以数倍的兵力以梯队形式，列阵方块，向阵地冲来。部分工事已被占领。幸亏来了七六四团兄弟们的支援，与日寇短兵相接，才迫使日寇溃退，阵地转危为安。

本来这支军队拖住敌人四天的任务已经完成，但未接到撤退的命令，只能继续做好作战准备。第五天，日寇又是老一套，将1平方公里的南桥村炸为焦土。敌我双方再次展开肉搏战，战斗异常激烈。士兵们此时杀红了眼，指挥几乎都失控了。直到第七天，坚守嘉善阵地的任务终于完成，剩下的一二八师官兵终于奉命撤出嘉善城。

这些充满乡土气息的土著士兵，创造了一个战场上的神话，以极其劣等的装备抵挡了日军日夜不断的疯狂进攻，坚守了七天七夜阵地，为中国军队赢得了防守备战的时间。从日寇所占据的枫泾镇到嘉善县城只有11公里，但以飞机、大炮开路的日军却走了7个昼夜，正所谓"一寸山河一寸血"。

据记载，在嘉善阻击战中，一二八师参战官兵有5799人，阵亡官兵1741人，在阵亡官兵中80%是湖南凤凰籍的官兵，这些凤凰男写下了中华民族抗日战争史上悲壮的一页。

楔子 一支军队

诚既勇兮又以武，终刚强兮不可凌。身既死兮神以灵，魂魄毅兮为鬼雄！

战国时期的楚国大诗人屈原的《国殇》就是对这些为国捐躯的湘籍铁血战士的最高礼赞。

湘西健儿，魂兮归来！

我的目的当然不仅仅是讲述这场惨烈的战役。

如果接下来，我告诉你这些在战场上如此勇烈彪悍的铁血战士，他们曾经都是货真价实、杀人掠货的土匪，你会有什么感想呢？

嘉善战役中作战的一二八师官兵，大部分都是来自湘西的苗族、回族、土家族和汉族，而且大部分是由土匪武装改编而成。七六三团的团长舒安卿就是土匪出身的一名悍将。七六八团的团长刘耀卿之前也是永顺一霸。舒安卿手下有个用刀砍了8个日本鬼子的连长，名字叫张平，那是湘西古丈著名的恶匪。当地人对张平畏若恶魔，到今天当地的老人还记得那些关于张平的民谣："天见张平，日月不明；地见张平，草木不生；人见张平，九死一生。"我们该如何去面对和评价历史中的这群湘西强人呢？

如果我再告诉你，这是湘西竿军与号称"天下无敌"的日本军队之间的生死对决，你是否会对这支其实历史很悠久的边地土著军团所表现出的超强战斗力产生一丝好奇呢？这种不惜命不怕死的精神，这种让敌人胆寒的好身手从何而来呢？

这一切问题的解答都与我要讲到的这个凤凰男有关。从某种角度来说，他就是这些问题的答案。

一二八师的前身是陆军新编三十四师，皆非蒋介石的中央军，也不是湘军，而是由湘西古老的地方军团——凤凰之竿军为主组成，首领就是陈渠珍。虽然他本人并没有亲自带这支军队参加抗日，但这支军队就是他一手打造的，师长顾家齐也是他的学生，可以说他是这支竿军的灵魂。

陈渠珍，这个名字对今天的人们来说可能会有些陌生。然而在民国时期的湘西，这个名字曾经威风八面，听者如雷贯耳。他民国时期崛起于湘西，号称湘西王，在湘西主政达20多年，对于促成古老湘西进入近代社会作出了贡献。他历经晚清、北洋军阀、国民党以及共产党四个时代，最后看倦风云，大隐于长沙市麻园岭，于1952年去世，终年71岁。

这个人时而有炙手可热的权势，时而成两袖清风的草民；时而运筹帷幄，掌握生杀予夺的军权，时而挥毫泼墨，写出流传千古的美文；时而金戈铁马，时而铁血柔情；他有着治国平天下的儒家事功之心，却能谨记修身养性的老庄之道；他能审时度势趋利避害，却又狷介刚直，绝不谄媚权贵；有人说他是土匪王，也有人亲切地叫他老师长。

陈渠珍有一张老年的照片，让人能借此遥想当年湘西王的风采。

老年陈渠珍

那是让人在乍看之下难以忘记的相貌。首先是两道扫帚似的浓眉，如同风雨将来时天空里黑森森的阴云，如此浓黑厚重的双眉加上一头倔强竖立如荆棘的直直短发，能让你感觉到他个性中的坚毅果决。他两颊瘦削清癯，显示出军人的自律和严谨，却仿佛又包含着无数杀戮炼就的残忍。幸亏有一丛山羊胡，体现出一种传统儒家文化熏陶下形成的士绅范儿。

最让人难忘的是他的眼睛。他的眼睛不大，透着一种见惯了征战杀伐的冷静和坚忍，同时却又矛盾地存在着一丝面对人世和命运的忧思和沉重。据传，陈渠珍的眼珠是黄色的，俗话说"黄眼珠不认人"，他办事治人确实都非常严厉，杀起人来绝不手软。传说陈渠珍常常坐在一张虎皮太师椅子上审理案件，眼睛一红就要杀人。而同他长期较量过而且吃过亏的人，对他是既仇恨又佩服，因为他最会老谋深算，出奇制胜。与他了解较多的朋友，就认为他为人耿介不阿，讲义气，重感情，但也很傲慢。也有人说他有古人之风，是个"儒而侠者"❶。总之众说纷纭，不一而足。但无论是他的对手还是他的朋友都称他为"湘西王"，这个绰号，一直流传到了今天。

---

❶ 见曾出使俄国的参赞陈继训所写《艽野尘梦·序》，陈元吉：《陈渠珍遗著》，湖南人民出版社2008年版。

很有可能众多湘西土匪题材电影中老奸巨猾的匪首都是以他为原型的，比如电影《湘西剿匪记》里那个土匪世家的老匪瞿廿四，就是一副山羊胡子的老者。谁让陈渠珍是可以让著名的民国湘西土匪们唯一可以臣服的王者呢？

这其实是一种历史的曲解，因为陈渠珍并不是一个普通意义上的土匪首领。关于他有很多故事，我要讲的都是他的真实经历，但也许仍然会有人认为那都是传奇。

拨开历史的尘埃，让我们一起来了解湘西王的真面目。

第一章 一座小城

近代凤凰不光出了陈渠珍，民国第一任民选总理熊希龄，现代大作家沈从文也都是凤凰男，他们三人并称为"凤凰三杰"，是凤凰人的骄傲。除了他们，还有民国第一任湘西镇守使田应诏，更早的晚清时期将领郑国鸿、田兴恕以及今天著名的画坛鬼才黄永玉老先生等原籍都是凤凰的人物。

大家可能会觉得奇怪，为什么区区小城，近代以来会出现这么多精英、人杰呢？

在讲陈渠珍的故事之前，我先要讲一座小城的故事。因为任何个人的精彩，都会打上时代和地域的烙印，也就是我们所说的"天时、地利、人和"才能因缘际会，成就精彩。陈渠珍的炼成，与他出生的这座小城就很有关系。

在湖南省的西部边缘，现在的湘西土家族苗族自治州的西南角，有一个群山环抱、风景秀丽的小县城，名字叫凤凰，今天被视为中国最美丽的小镇。凤凰籍的大作家沈从文曾说过这样的话，湘西的将来不管好与坏，和凤凰人的关系都特别大。可见凤凰在湘西的地位。

美丽的小城凤凰

要了解陈渠珍是怎么炼成的，

我们必须先来了解一下凤凰这座小城。

凤凰修筑在大山中间，是一座凭水依山而建的边城。它的修建本身与战事有关。早在明嘉靖年间这里就有了最初的砖制城墙。城墙当然是为了防御敌人所建。统治者是为了防什么敌人呢？

防苗人。

在历史上，凤凰及其附近地区一直是苗人聚居的"五溪蛮地"，故又称苗疆。这里一直被中国历代王朝视为"边楚蛮荒"、"化外之地"，人们想起这里自然会联想到苗人放蛊、用毒、赶尸之类的神秘传说。然而正是在这片神秘而古老的土地上，自近代以来涌现了许多风云人物。

有人说了，凤凰城几百年的历史跟苗汉两族的恩恩怨怨有着无比密切的联系，不懂得苗族，就不会懂得凤凰。为什么这么说呢？

在历史上苗有时又称蛮，是有别于汉的另一种族。苗文明也是有别于汉文明的另一种中华文明体系中的亚文明。历代苗人的历史就是一部与汉人争夺生存空间的历史。

苗人一直奉蚩尤为祖先。最早的三苗应该是蚩尤的九黎部落在与炎黄部落争逐失败后退出黄河流域，在新的地区逐步形成发展起来的新部落。舜帝、禹帝时代都与三苗发生过战争。战争的结果自然是胜利者的扩张。例如在舜帝时代，他曾打败三苗并在苗人地区迁入部分自己的族人。大禹征三苗之后，三苗被彻底瓦解，从此就没有这个称呼。但成员并未消灭，而是构成长江中游地区以及湖南先民的主体，并成为与中原王朝抗衡的力量，后来在史籍上称之为"荆蛮"。所以，在历史上我们湖南土著人曾是化外

苗族祖先：蚩尤

之民，湖南更是化外之地。

到了春秋战国时期，楚人的势力在南方日益强盛，公元前385年楚悼王用吴起为相，发动对南方"蛮越"民族的战争（因为"荆蛮"中包括了部分古越人部落，史书上也称作"越"。也就是说当时的"蛮越"部落实际上就是苗人部落），最后打败了"蛮越"部落，完成了对湖南全境的征服。那时起，在湖南，楚文化开始取代了原来的"蛮越"文化也就是苗人文化，占据了主导地位。

而湘西这个地方在古代一直属于"武陵蛮"地，"武陵蛮"是因武陵郡而得名，在汉代疆域很大。后来苗人生存空间缩小，退处沅陵以西的"五溪"地区，"武陵蛮"这个名词就被"五溪蛮"所代替了。这里历来是苗人聚居的地方，那时候土家、苗、瑶等族都统称为"苗"或者"蛮"。

那么为什么湘西以及黔东南一带会成为苗人最后的聚居之地呢？

因为苗人一直处于刀耕火种的文化状态中，最开始还可以与炎黄部落一争天下，到后来由于文化上没有进步（20世纪之前的苗族一直有语言而无文字），实力便越来越弱，生存空间越来越小，一直被逼到了湘西乃至贵州的西南山区之中，这也造成了他们极剽悍且不惜命的民族性格。《永绥厅志》中提到，川黔楚三省均有苗疆。唯有镇竿三厅（包括凤凰、永绥、乾州）及黔省铜仁府属，苗民众多，地方辽阔，而其中楚苗之悍又甚。就是说苗人中湘西苗民最为悍勇。在湘西苗族中，有白苗、花苗、青苗、黑苗、红苗之分，主要以衣着的颜色相区分，散处山谷聚而成寨，最为凶悍的是"黑苗"，因聚居之处地险气悍的缘故。

漫长的历史中汉苗之间不断兵戎互见，那是一部非常残酷的血淋淋的征服史，然而我们却可以透过那正大庄严的历史文字听到历史深处隐隐传来的苗民痛苦的呼号，可以想见到苗人充满血与泪的悲惨生活。在

征服与被征服的过程中民族之间也在互相不断融合，在湘西，不同民族的人会聚于此，神秘的苗文化与浪漫的巫楚文化、以儒道为主流的汉文化杂糅在一起，也就形成了我们今天所看到的湘西地区文化多元的格局。

那凤凰又怎么会成为湘西的政治和文化中心呢？

由于湘黔一带的苗疆长期以来一直处于独立自主的生活状态，是所谓"化外之地"，历代中央王朝并不能直接管理和控制。清王朝建立后不能容忍这种统治死角的存在，为了将这块化外之地国家化，在康熙、雍正年间朝廷对这里进行大规模的武力开辟，同时推行所谓"改土归流"政策，加强对这里的统治和剥削，尤其流官以及客居到此的汉人，见一般苗民纯朴柔弱可欺，便肆意盘剥鱼肉，这自然会遭到苗人的强烈反抗，所以当时有谚语说"苗疆五年一小乱，十年一大乱"。史上最为有名的乾嘉苗民起义，就是湘、黔、川三省边区苗族在改土归流以后，因流官继续欺压百姓和兼并土地导致的必然结果。这场起义令清朝廷动用了七省兵力来镇压，持续了12年之久，使清朝统治元气大伤。那时汉苗之间冲突之激烈可想而知。故沈从文说过，"两世纪来，满清的暴政，以及因这暴政而引起的反抗，血染赤了每一条官道同每一个碉堡"（《凤凰》）这并不算夸张的话。

正因为此，为了平息让统治者头痛不已的苗乱，清朝廷便设绿营兵驻防镇竿，也就是今天的凤凰。所以最开始这座小城不叫凤凰，据清乾隆《凤凰厅志》记载："东北有坪曰竿子，西北有所曰镇溪。故统曰镇竿。"到了清嘉庆二年（1797年）的时候，凤凰厅统领了三府一州的军政，管辖"大湘西"20余县，被视为"扼西南苗疆之咽喉，为辰浦泸麻之屏障"的边陲重镇。驻扎在这里的军队也就被称为"竿军"。所以苗疆即是边地，凤凰即为边城。所以竿军可不是什么地方的保安团，那是国防军，清朝的正规军，比前身为楚勇的湘军血统还要纯正。

镇守镇筸的筸军拥有马兵、战兵、守兵几千人之多，于是城中的住民，多是派遣来的戍守边疆的士兵。按旧时的说法，镇筸镇五千居民七千兵。也就是说，城中的居民只有5000人口，戍卒屯丁倒有7000多。照这样想来，这座城镇差不多已成了一个兵营。

让我们想象一下，将这个用粗糙而坚实的巨大石头砌成的小城作为中心，向四方展开，围绕着这孤城的，约有500余苗寨，各有千总守备镇守其间……落日黄昏时节，站到那个独在万山环绕中巍然静默的孤城高处，眺望远近残毁的碉堡，还可依稀想见当时角鼓传警、狼烟告急的光景……历史就在这样的日升月落中静静地向前流淌，冲刷掉了血迹，淹没掉了尸骸，到今天展现在我们眼前的是一座热闹繁华、灯影在沱江水里摇曳的小城光景。然而有多少人真正了解这座边城的故事呢？

如果仅仅是一座有如兵营的边陲小镇，当然不够资格进入大写的历史。所以要了解凤凰和凤凰人，就必须了解凤凰所驻扎的这支古老兵团——赫赫有名的筸军。筸军究竟有怎样的光荣历史，带给了这个地方怎样的荣耀和影响呢？

清咸丰年间，席卷全中国并威震一时的太平天国运动，成为清朝廷的心腹之患，多年讨伐不得其果，最后由湘人曾国藩召集家乡子弟组成"湘军"，经过铁血征战，才拼死挽回朝廷败局，从此"湘军"声名鹊起。那湘西的筸军与湘军有什么关系？筸军又对近代凤凰男有什么影响呢？

我说的凤凰男，当然不是指今天流行的概念，而是专指湘西凤凰这个地方出生的豪杰精英。近代以来凤凰人在历史舞台上十分活跃，从熊希龄、陈渠珍、沈从文到活跃在抗日战场上的凤凰籍战士，都深受筸军文化传统的影响。竿军对地方的影响真有这么深远吗?

在凤凰城,只要涉及它的历史,你就无法忽略本城居民对他们先辈的荣誉最为经典的表述:无湘不成军,无竿不成湘。

所谓"无竿不成湘",意指"竿军"是"湘军"中最为精锐的一支。这就需要提到一位开创近代凤凰荣耀的凤凰男了,他的名字叫田兴恕。

卖马草出身,靠不惜命立下赫赫战功,24岁便官封贵州提督并诏授钦差大臣的田兴恕便是晚清竿军的代表人物。田兴恕出身贫寒,自小不曾读书,以卖马草为生,前面我们不是说了凤凰城就像个大军营吗?由于住的都是驻军,养的兵马多,对于马草的需求量就很大。田兴恕就是卖马草给兵营来维持生计的。

田氏宗祠

咸丰二年(1852年),太平军攻打长沙,16岁的田兴恕加入竿军,跟随乾州参将赴长沙参战。当时太平军在湘江西岸驻军,田兴恕主动请战,深夜驾小船火烧太平军大营;随后数百太平军骑兵追赶,田兴恕泅水而归,由此被升为哨官。

浏阳告急时,田兴恕收拢湘西散兵百人增援,因击退太平军有功,被左宗棠封为"虎威营"。竿军部队"虎威营"此后转战十数省,200余战皆无败绩,所向披靡,被曾国藩命名为"虎威常胜军"。

这些兵勇喜欢在左臂刺上"虎威常胜军"的青字,攻城格斗时,常赤裸左臂,挥刀跃马,自家人互相呼应鼓舞士气,敌方则见之丧胆。

——蒋子丹《云雾边城》

咸丰九年（1859年），太平军将领石达开率十数万太平军精锐至湖南，围困宝庆。田兴恕率领4500人增援，扼守九巩桥，寸土必争，历时一月，粮草弹药将竭之时，仍以敢死队与太平军决战。后援军李续宜部赶到，内外夹击，导致石达开大败。

咸丰八年，田兴恕因率虎威营屡立大功，被提升为副将，加总兵衔，咸丰皇帝两次赐号尚勇、挚勇"巴图鲁"（满语为勇士）。咸丰十年，田兴恕被任命为贵州提督，并诏授为钦差大臣。咸丰十一年，田兴恕兼署巡抚，掌握贵州军政大权，当时他才24岁。那可是封疆大吏，省级干部啊。从一个卖马草的穷小子经短短八年时间就一跃而成封疆大吏，这自然鼓舞了无数湘西子弟。

到太平天国被消灭后，论功行赏时，凤凰籍官兵有两人升为提督（田兴恕以及沈宏富，也就是作家沈从文的祖父，所以虽然沈从文的作品写的多是下层湘西百姓的故事，他自己可是地方上的世家子弟，出生在凤凰当地可谓显赫），6人升为总兵，另有副将9人，参将11人。凯旋回乡之日，这些人带着朝廷赏赐的黄金白银绫罗绸缎衣锦还乡，前呼后拥吆三喝四，那叫一个光宗耀祖扬眉吐气。

穷小子田兴恕的发迹，无疑给凤凰人形成了榜样作用。最为重要的是这场战争让素来在历史上被视为"蛮人"的湘西人凭借军功而第一次进入核心统治集团的视野，并受到广泛的奖掖提拔，这就成为湘西竿军铭心刻骨的荣耀，也直接影响了湘西的地方文化传统。

如此这般，凤凰人尚武成习就毫不奇

田兴恕（1836—1877年）

怪了，靠玩文学、玩艺术走向世界的沈从文、黄永玉毕竟是个别。在这样的环境里长大，唯一可以想到的发达之路就是当兵吃粮，靠自己的不怕苦和不惜命混出人样，成了一名军官，甚至成了大官，然后衣锦还乡。所以竿军作为广义上的湘军的一支，可以说是在边地苗疆的湘军文化的体现，造成了地方上特有的军人荣誉感。在近代的凤凰，当兵、参军，从军队里获得晋升是件值得羡慕和荣耀的事情。

所以若要解释为什么凤凰能在近代出这么多人杰，我认为"尚武"传统是首要条件。

近代中国受列强欺侮而不能自强，受了两千年温良恭俭让和中庸之道的儒家义化熏陶、习惯了高呼万岁做忠臣顺民的中国人，而对西方的野蛮武力和高科技军事完全不知所措，导致了一系列割地赔款的耻辱。

很多清末民初的精英总结，认为民族性格柔弱是中国落后的原因之一，近代大学者梁启超就是持这种见解的代表，他一直大力提倡中国之武士道精神，在中国历史中发掘那种惊天地、泣鬼神，慷慨悲歌的豪侠气概和尚武人格，并写成《中国之武士道》一书，引起一时风潮。他的学生蔡锷也响应老师的主张，大力提倡军国民教育。1902年蔡锷在《新民丛报》上发表《军国民篇》一文，指出，目前世界是强者存而弱者亡。汉族人却是著名的"尚文之民"，特点即为"驯良懦弱"，要保全自身独立都难乎其难。只有将民族素质由"尚文"转变为"尚武"，即具有军国民精神，中华民族才真正有希望。

除蔡锷外，当时的黄兴、杨度、陈天华都是军国主义的宣传者。杨度在1903年还写了著名的《湖南少年歌》，以激越的文字弘扬近代湖南人的尚武精神。"凭兹百战英雄气，先救湖南后中国。破釜沉舟期一战，求生死地成孤掷。请君尽作国民兵，小子当为旗下卒。"洋溢着炽热的尚武精神。

处于历史转型期的大时代需要唤起民族的雄强和血气,也需要一批具有血性和勇气的以天下为己任的精英来担当历史的使命,做披荆斩棘的开拓者。正是在这样的时代背景下,湖湘人的文化性格以及湘军兴起后崇尚从军习武的文化传统令湖湘知识分子顺理成章地脱颖而出。而尚力尚武的竿军文化无疑是承传自曾国藩开创的湘军文化,它为熊希龄、陈渠珍等凤凰人杰的出现准备了一个大环境。

但仅此一项还不够,这样的环境充其量只能出来大批敢打仗不惜命的武夫,怎么还会出现这样一些文韬武略的士子、有勇有识的儒将呢?

这主要还是因为他们的拿命换来顶戴花翎的父辈们非常明白战争的残酷和军人命运的无常,既是如此,自然不愿让后代也去在沙场上逞匹夫之勇,拿命赌明天,于是让他们走学而优则仕的道路来光耀门庭。这自然就酝酿出这样一批既有崇尚武功之侠骨,又有饱读诗书之儒心的近代凤凰男来。

说到诗书礼教、孔孟之道,就必须提到一座对近代湘西发展作出了巨大贡献的近代书院,它就是沅水校经堂,其原址就在今天的芷江县第一中学。

为什么一定要提到这座书院呢?因为清末民初活跃在湘西的人物,很多都曾在此读书。像熊希龄、民国初的湘西风云人物张学济、陈渠珍以及沈从文的姨夫同时也是陈渠珍的私塾启蒙老师聂仁德都曾是这里的学子。这座书院是座具有近代改革性质的新型书院,与当时长沙的湘水校经堂并驾齐驱,名重一时。

这座书院与其他书院有什么不同之处呢?为什么能够培养出这样一批杰出的湘西子弟呢?

因为以往的书院,是以"时文课士"为宗旨,什么是时文呢,就是专门用来应付科举考试的文章,比如《大题文府》、《小题文府》、《万斛珠玑》之类的书。打个比方，有点类似于今天高三学生为备战高考用的《高三思政考试必备》和《语文高考必杀技》之类的书。学子们不去钻研经史子集、宋明理学，而是急功近利地备战科举，学写应试的八股文章，学做诗词歌赋，以至于学无根底，胸无大志，能金榜题名的反而微乎其微。到了19世纪末的晚清时期，面对民族危机和近代化挑战，这些陈腐不堪的教学内容和方法完全无法应对。

其实这不仅是沅湘士子们的问题，也是当时整个晚清教育的问题。当时任湖南学政的张亨嘉指责道：中国之弱，不弱于寡，不弱于贫，而其弊在于无人才；人才之衰，不衰于清谈理学、训诂考据，而其弊但了不清谈、不理学、不训诂考据，而惟时文试律小楷之工，穷年累月，老且死而不悔。

那么沅水校经堂作为一座新型的近代书院，又有什么不同之处呢？

沅水校经堂主要以湖湘文化中经世致用的精神来熏陶学子，以"实学课士"为宗旨，让士子们的学习为将来治事也就是做官吏做准备。还让学生在习读之外，兼习武术，目的是流动其血气，开阔其胸襟。在教法上也很新颖，让学生享有充分自主和选择学科的自由。规定学生除了学习基本课程外，可以选择一种自己喜好的学问，然后由先生指定参考书阅读，再作笔记，晚上交给先生校改。有点像今天大学里的选修课程。

校经堂的老师还喜欢在课堂上讲湖湘贤臣名将的故事，特别是慷慨激昂地讲起本省先辈曾国藩、左宗棠等人乘时而起、保国卫乡、抵御外侮、效命疆场的功业，勉励学子要像曾左那样树立建立功业的远大志向。这些教导曾经激励过号称"凤凰神童"的熊希龄，也同样激励着陈渠珍和其他湘西子弟，让他们有了经国济世的抱负。

所以一个国家要振兴，教育是第一位的，有先进的教育才会有乐于为国家效力的人才，建设国家才会有希望。这个书院的创始人的名字理应被湘西人以及中国的教育史所记住，他就是沅州太守朱其懿，此人不仅一手创建这样一座与时俱进的边地书院，而且用自己的廉俸来维持学校的生存和发展，堪称教育界的楷模。

沅水校经堂对于湘西这个化外之地的意义是巨大的。它推动了湘西的近代化进程。所孕育的一批边地精英既有文韬又有武略，同时还具有受湖湘文化影响所致的勇于实干的精神。

陈渠珍就是其中之一。

第一章 一座小城

第二章　竿军后代

1882年，在这个民族危机日益深化，清朝的封建统治越来越成为时代前进障碍的大时代背景下，陈渠珍呱呱坠地，出生在苗疆边城凤凰的一个竿军军官家庭。在这样的时代来到这样一个特别的世界，等待着他的将是怎样的一生呢？

陈渠珍属于19世纪的80后，1882年出生在凤凰一个竿军将领之家，说来也巧，这一年出生的湖湘志士特别多，蔡锷、宋教仁、程潜都是这一年生的。他们生而逢时，在青年时期遇到了可以大展宏图的乱世，"乱世出英雄"说得是一点也没错。

陈渠珍的父亲陈茂林是竿军将领，曾因在与太平天国之战中屡获战功而受到同治皇帝的嘉奖，授为三品武功将军。回到湘西后，任凤凰营都司，统领400多名绿营官兵，常驻黄丝桥戍守苗疆。但他在凤凰当地并没有什么影响力，陈家也不算大族，远不能与田家、熊家和沈家相比。所以陈渠珍后来在湘西的打拼完全靠的是自己的才能和实力，实属不易。

一般是个人物，出生时候都有些故事，陈渠珍也不例外。说是陈渠珍满周岁时，家里突然来了个从贵州梵净山镇国寺下来的化缘和尚。这和尚也奇怪，不要粮也不要钱，只要给陈家小公子看相，反复端详陈渠珍后，叹说："天中稍亏，难以登坛拜相。"接着又说："这孩子发长而稀秀，聪明超达之士；司空骨开，一世官高福泽，重眉立起，千里将勇英雄。"并且说："这孩子生在甲午日，不甲天下，甲地方，可惜生得其时，未逢其世。"说罢，便一声"阿弥陀佛"，飘然而去。

虽然说的是神乎其神，但很契合陈渠珍后来的命运，有官运，是英雄，可惜却不能成为像诸葛亮那样拜相辅佐君王的人物。他就像他的名字一样，是沟渠中的珍宝，才华的施展受到地方的局限。不过这个具有预言性的名字并非陈渠珍的原名。陈渠珍原名陈开琼，是父亲按氏族排行为他取的名。他后来为什么要给自己改名，而且改成这样一个名字呢？

陈渠珍后来在湖南武备学堂读书的时候，嫌原来的名字太俗，于是自己改名为陈渠珍，别号玉鍪。这可是别有深意，寄寓了陈渠珍对自己处境的认识和期望。渠珍就是丢在了水沟里的珍宝，不被世人见用的意思，陈渠珍没什么家庭背景，父亲又早逝，陈渠珍当时对于自己只能在兵目学堂读书颇有些怀才不遇之感。

这后来的事实证明，是金子就会发光的，虽然生于乱世，日后的陈渠珍却也成为威名赫赫的人物，在民国历史上留下了自己的那一笔。可从另一方面来说，正如他的名字的吊诡之处，在湘西层峦叠嶂的束缚之中，他纵然胸存天下却无平定天下的气魄和实力，终其一生，他的命运始终在湘西起伏浮沉，这又是他人生的悲剧。

第二章 竿军后代

玉鍪之意，更为深远。鍪原意是指古代武将的头盔。玉鍪的典故出自《淮南子·氾水》，其中有"古者有鍪而綣领，以王天下者矣"的句子，可见他胸怀之远大，仰慕于那些以天下为己任、德配天地的圣人。

陈渠珍自许颇高，当年的他连蒋介石、何键这样的国民党高层实力派人物都嗤之以鼻，有一次他身边的人向他赞许蒋委员长如何不可一世的权威时，他从鼻子里面哼了一声："世无英雄，遂使竖子成名！"这是魏晋时期竹林七贤之一阮籍对着当年项羽、刘邦楚汉争霸的古战场所发的一句感慨，大意是暗示自己所处的时代成名的都是些投机倒把靠运气的小混混而已，而自己呢，却怀才不遇，生不逢时。

陈渠珍的这种清高自傲自然不是没有原因的。一方面因为自己才华卓著，资历远超过这些人。他1909年在西藏支边援藏打天下的时候，蒋介石在哪儿啊，还在日本士官学校读书呢。何键就更不用说了，陈渠珍20世纪20年代已经执政湘西威风八面的时候，何键还是个在唐生智手下的中层军官而已。而当过国民党军事办公厅主任的贺贵严当年是陈渠珍毕业后任新军教官时候的学兵。你说陈渠珍的资历老不老？另一方面发出这种感叹也包含了陈渠珍对自己怀才不遇，才华抱负无法施展于世的无奈。

既然陈渠珍连蒋介石都没看上眼，那他的偶像都是些什么人呢？

是曾国藩、王守仁这样的大儒者、大军事家。曾国藩不用说，雄才大略，文武兼备，是力挽狂澜、打败太平天国的清末重臣，也是湖湘文化的重要代表人物。那王守仁则是明朝中后期著名的军事家，打仗治军为政就不用说了，更创立心学，于儒学另辟蹊径，发扬光大。这可都是顶天立地、为国为民、学识一流的高人名士啊。陈渠珍能像他们一样文武兼备，更能像他们一样青史留名吗？这个问题的答案也许要我们全部讲完之后，大家才会有自己的答案。

陈渠珍不是富二代，勉强算个官二代吧，9岁（丧母），12岁（丧父），父母双亡，所以没什么家庭背景。他必须靠自己去打拼天下。

16岁那年他师从当地举人聂仁德，学习非常勤奋。这聂仁德便曾就读于沅水校经堂，还是沈从文的姨父。凤凰实在太小了，随便碰上的两个人也能攀上些亲戚或是世交或是同学的关系，让人形成一种错觉，好像湘西的历史就是由那么几个人写成的。为什么会这样呢？

主要是因为凤凰的几大士绅家族，比如田家、熊家、沈家之间一直互相联姻通婚，以这种方式保持自己在当地的地位和利益，其实是一种通过姻亲结成的政治联盟。湘西的命运几乎就是由这几家决定的。陈渠珍是后来凭借自己的实力崛起的，却也因为与田应诏有同窗之谊。

唯有沈从文最为特别，他虽是世家子弟，却厌恶这种由士绅大族构成的地方势力网络，最后干脆从这种网络中突围出去，后来成为一个反思近代湘西历史文化的大作家，也以文学的方式，让世界了解到中国的版图中有一个美丽的小镇叫凤凰。若说建功立业，名垂不朽，拿枪的陈渠珍所极力渴望的，沈从文却于不经意间用一支笔做到了。历史总是喜欢和人开这种伤不起的玩笑。

却说1901年陈渠珍便因成绩优异被选送这所湘西的最高等学府——沅水校经堂读书深造，这时他已经20岁。

陈渠珍年轻的时候就是一个有志青年。清末政治腐败，自甲午之战后割地赔款的消息接踵而来。陈渠珍虽然在偏僻的湘西读书，也非常痛心国事。他在日记中写到：

吾国甲午之役，丧师赔款，全国震惊。余闻之，十分愤慨，认为国家兴亡，青年有责。爱国之心，悠然而起；庚子之变，盛倡瓜分中国之议，吾更痛心国事，决心投笔从戎。（摘自陈渠珍日记）

适逢1903年湖南筹备武备学堂。陈渠珍听说之后，积极向主持书院的院长请求保送他去武备学堂学习。但当时武备学堂的学生都必须从现役官兵中选送，他的愿望落空了。好在这一年秋天，武备学堂附设的兵目学堂要在各地招收部分青年入学，经过书院同意，陈渠珍前往考试被顺利录取。

湖南武备学堂地址就设在今天的长沙小吴门那一带。这里的学习是

第二章　竿军后代

三年为制，毕业的学生即在部队可当排哨长。学堂还附设有弁目学堂，培养新兵。这武备学堂培养的是前所未有的、具有近代化色彩的湖南新军，要一改以前那些八旗兵、绿营兵一蹶不振、士气低落、理念落后、技术老式的面貌，所以入校的青年子弟士气很高昂。

传统有"好男不当兵，好铁不打钉"的谚语，但为何在近代会形成青年入军校的热潮？连鲁迅先生都曾读过江南水师学堂这样的军校。一般来说有两个原因：第一，清末，对外战争一再失败，激起了年轻一代的救国意志。尤其是中国在中日甲午战争中败北，半新半旧的淮军彻底覆灭。这使举国上下都意识到发愤图强，重新练兵的重要性。中央政府将各省设立武备学堂纳入议程。在民间，军国主义的思潮兴起，热血青年们也希望以军事来匡时扶世。

第二点也很重要，1905年科举制废除后，新式教育比传统教育要贵，家境清寒的低层绅士出路大减，只好转寻出路。而武备学堂、军事学校欢迎青年学子入学，如此一拍即合。所以近代科举取消后，许多有才华的青年入了军校。所以这批20世纪初进入国内和日本军事学堂学习的青年虽然穿着军服，却仍然有比较浓厚的士人情怀，是一群穿着军装的士人，以儒家的以天下为己任的理想作为行军的宗旨，蔡锷就是其中的典型人物。

对于作为湘西人的陈渠珍还有第三个原因，也就是在第一讲中我们讲到的，竿军传统的影响以及在沅水校经堂所受到的湖湘之学经世致用精神的熏陶，使陈渠珍以从军作为建功立业的途径成了顺理成章的事情。

说起陈渠珍所报考的这所湖南武备学堂，那也出了不少在民国历史舞台上十分活跃的人物。比如说程潜，1903年是以第一名的成绩考入武备学堂，第二年因为成绩优异又被保送去了日本，在那里结识了黄兴等人，加入同盟会，成为孙中山的追随者，是民国时期湖南的风云人物。做了辛亥革命后的第一任湖南都督的年轻军官陈作新是湖南武备学堂的弁目学堂毕业的。还有鲁涤平，也是陈渠珍的同窗，曾经担任过湖南省主席。而一直坚定跟随孙中山的林修梅、蔡巨猷也都是武备学堂毕业的。

有时候想起北洋军阀时代有些不可思议，那些各地军阀各立山头，各有武装，却往往都是当年在军校的同窗，熟得不得了，要解决中国和地方的问题不能坐下了好好谈吗？偏偏要那么多的士兵流血牺牲，让那么多家庭颠沛流离。所以军阀政治是极可恶的政治，阻碍国家发展和进步的政治。因此国家的统一，以私军为后盾的区域性的军阀政治的消亡都是历史的必然趋势。

而当了军阀又有理想追求，这样的人命运多半也带着些悲剧色彩，有点知其不可为而为之的悲壮。近代有很多这样的军阀并不像我们历史教科书上所写的那样坏和反动，但他们又只能被历史如此书写，陈渠珍也算是其中一个。

第二章 竿军后代

最具有历史讽刺性的是，练新军、搞现代军事教育本是为了安定清政府的政权，但结果南方各省所练的新军反而成了推翻清室革命的基本力量。这可以说是历史跟统治者开的最大玩笑了。陈渠珍作为一名清政府培养的军事干部，最后是否也走上了推翻清朝的革命道路呢？没有，他选择了另一条人生道路。那又会是一条什么样的路呢？

却说陈渠珍当年考入的是该学堂的兵目班。这武备学堂除了兵目班，还有将弁班。不用说，兵目班培养的是士兵，将弁班培养的是士官，自然要比兵目班起点高，毕业分配也比当兵好，做的是教官。陈渠珍进的是兵目班，但1906年毕业的时候，却是从将弁班毕业的。这是为什么呢？

这中间有一个小插曲,也是在这里埋下了日后陈渠珍统领湘西的伏笔。

这天,武备学堂里突然传遍了一个消息,说是有个将弁班的湘西学生把从德国请来的教官给揍了,这学生被关了禁闭,马上要被退学了。这个学生走了,将弁班就腾出了一个名额,自然就在兵目班物色优秀的学员补入。陈渠珍成绩优秀,被通知转到了将弁班,前途必然从此不同。

陈渠珍自然高兴天上掉下来的馅饼,这个意外事件是个天赐良机,无形中改变了陈渠珍的命运。但这个吃了豹子胆的湘西人究竟是谁?

他也是凤凰人,日后也是在湘西非常有影响力的一个人物,他叫田应诏。说起来这田应诏可就算是名门之后了。他的父亲就是从赫赫有名的湘军中被提拔上来的贵州巡抚田兴恕。田兴恕24岁就做到了贵州巡抚,这足见清政府提拔任用年轻干部的魄力。但后来的事情说明,过于年轻的干部做事情缺乏经验,容易意气用事,这组织部门还是要慎重考虑的好。

当时民间反西方基督教之风颇盛,一些洋教士自己也趾高气扬得很。田兴恕年轻气盛,不信洋鬼子的邪,咸丰十一年(1861年)他轻率地砍了贵州青岩当地几个不安分的洋教士的头。第二年,又下令开州团练将一名传教士和四名教徒凌迟处死,又演了"开州教案"。这两起教案轰动一时,引起了国际纠纷,田兴恕差点脑袋不保。同治四年(1865年)被发配新疆,永不赦免。后来在流放期间经陕甘总督左宗棠保释,慈禧太后宽大处理,停止了对他的流放,让他回家。虽然留得性命,田兴恕自己也是心灰意冷,回老家凤凰后,也就因伤病死在家中了。

这封疆大吏虽然死去,但他留下来的这份荣耀和产业,让他的后代在凤凰有了优越的地位。田应诏是他的小儿子，自小顽皮淘气，闯了不少祸。到武备学堂读书，受了外国教官的欺侮，湘西人的蛮勇血性立时就显出来了，竟然和骄横跋扈的教官对殴起来。这事情惊动校方，已经没有挽回余地，田应诏被开除了学籍，黯然离开学校。好在后来他父亲当年的同人好友，当时的湖南巡抚大人赵尔巽保举推荐，让他去日本的振武学校深造。这倒是因祸得福，打了外国教官出了恶气，还捞了个公派留学，去日本喝洋墨水，田应诏欣然动身。日后，田应诏加入同盟会，在孙中山领导的反清斗争中立下汗马功劳。

再说陈渠珍和田应诏本是同乡，早就认识，那是英雄重英雄，惺惺相惜啊。于是分别时两人击掌相约，要奋发图强，将来为国效力。日后，这两个凤凰人真又聚到一起，共同决定着湘西的命运。这是后话了。陈渠珍后来在武备学堂的学习怎样呢？毕业以后又何去何从呢？

田应诏（1876—1932年）

第二章　竿军后代

第三章 入川戍边

陈渠珍通过自己的勤奋,在最初的生命轨迹中完成了由边城到省城,由士人到军人的转型。作为湖南武备学堂毕业后任职湖南新军的一名年轻有为的军官,万丈红尘才刚刚在他面前拉开帷幕,陈渠珍却决定解职归乡,这是为什么呢?在推翻清朝廷的革命越来越风起云涌之际,为何陈渠珍没有投身革命,反而决定到千里之外的四川去戍守边疆呢?

却说,陈渠珍在田应诏走后,进入将弁学堂学习,他非常珍惜自己的读书生活,专心攻读,两年后以优异的成绩毕业。

毕业后,他被分配到长沙宁乡任见习军官。半年后再调到长沙任湖南新军第四十九标队官,相当于现在的正连长职务。陈队官的前途是光明的,但道路也是很曲折的。

这一年是1906年,当时湖南民气高涨,同盟会的革命者开始在内地积极活动,联络军队,动员官兵。这时陈渠珍对于晚清政府的腐败无能也很失望,于是一度醉心于政治革命,参加了同盟会。常在长沙天心阁参加同盟会的秘密会议。

不妨想象一下,那样一群热血青年聚拢在一起,想到国家这样羸弱,政府如此无能,外强如此可恨,激扬文字,挥斥方遒,很容易让人热血沸腾,难免有一些过激的言辞,比如主张刺杀官吏啊,冲击衙门啊,搞武装暴动啊,等等。而且这在当时其他地方并非只是说说而已。

1905年保定师范学堂的学生吴樾就认为"排满之道"一为暗杀，一为革命。而他自己以暗杀之事自任，暗杀谁呢？他以奉命出洋考察宪政的五大臣为暗杀对象。1905年，怀揣炸弹，身穿官服，伪装成五大臣的随从，混上专列后，他准备投掷炸弹，但因车身震动，引发爆炸，吴樾自己肢断腹裂，壮烈牺牲。清朝廷委派出洋考察的五大臣只受了些微轻伤，这一事件

文夕大火前的长沙天心阁

迫使出洋考察的行程推迟。因搞炸弹暗杀名闻天下的还有1910年准备刺杀摄政王载沣的同盟会员汪精卫，只不过也没有成功，但汪精卫却暴得大名。1905年著名的鉴湖女侠秋瑾也奋不顾身投身于革命武装起义的筹划中，只不过因为走漏了风声，不幸被捕，从容就义。

所以同盟会的会员们在一起讨论的都是很危险的反政府言论。且有的同盟会员演说极富鼓动性，参加会议的人很容易感染到那份洋溢的革命激情，为之鼓掌、涕泣、奋发，有的恨不能立即行动起来，以身殉国也无所畏惧。

但陈渠珍却不一样，他是一个情感深沉、思虑深重的人，这一点我们在以后他的许多人生选择中也可以看到。他耳闻目睹了一些同盟会会员激愤昂扬的言论和行动之后，改变了自己对革命举动的看法。

予既懔古人勿撄人心之戒，以为从此鼓励激荡，清政可覆，然偾骄之祸，收拾綦难，则始于救国者，必终于误国。（《艽野尘梦》）

从这段话可以看出，他在参加了几次会议后，认为革命者的言行过

第三章 入川成边

于激烈张狂，纵然革命可以实现，但这种以己为是、以人为非的偾骄偏激之祸，收拾极难，会酿成大祸。

所以若从陈渠珍对待政治的态度来看，他是一个保守主义者。他的老成持重使他看起来不太像80后。陈渠珍属于中国皇权社会的最后一批士子，20世纪初期科举废除后的第一批新型知识分子，但他显然保守多于激进，士子情怀多于现代意识。在文化上，他终其一生都忠诚于传统文化，恪守儒家的社会准则。显然由于边地苗疆的相对封闭，竿军文化传统与注重宋明理学和湖湘之学的书院教育成为了陈渠珍的生命基石。因此对于革命，他的态度相当保留。而这时湖南追捕革命党人的风声渐紧，于是他干脆解职回到老家凤凰，静观形势变化。

1907年的小城凤凰一如既往的美丽和安谧，陈渠珍在家无所事事地住了近一年，眼看政局形势日益发展，又觉得一直这么待在边地不是办法。正好他在武备学堂的同学林修梅来信约他同去湖北求见总督赵尔巽，陈渠珍于是决定去碰碰运气，以谋出路。

赵尔巽是谁呢？是晚清封疆大吏中颇为开明通达的一位。1904年主持湘政。督湘期间，兴学练兵，颇有政绩，也很关注武备学堂的军事教育。陈渠珍称他们这些武备学堂的学子都"受其陶铸"。果然，赵尔巽欣然为这群湖南青年指了条大道，告诉他们自己的弟弟正在督川，在川边要有所动作，急需人才。还给他们路费让几个年轻人入蜀。他的弟弟是谁呢？是当时的川滇边务大臣赵尔丰，清末重臣，也是我们后面要特别提到的一位对于陈渠珍有极大影响的人物。

晚清虽然腐败，可是也有不少有才有识的官吏忠心耿耿，为国效力，远非我们所想的，官员一律腐败，道德一律堕落，例如赵尔巽、赵尔丰兄弟，身为封疆大吏，权倾一时，却都是绝对男人，国家栋梁。为什么会如此呢？这主要得益于入关之后清王朝在文化上的策略。

清朝统治者非常聪明,清朝廷入关后始终以汉文化的儒家思想为正统。比如,1644年顺治帝登基后率领大臣祭拜孔庙。顺治帝祭拜孔子就传达了这样一个信息,清朝统治者将会沿袭中华文化的传统,接受孔孟的价值观。这一方面为自己的政权提供了合法性,另一方面也就有了对于海内士子的号召力和凝聚力。因为孔孟是中国传统士人价值观的源头,这就把中国知识分子的心给抓住了。所以曾国藩当年征讨太平天国的时候打出的旗号,并非为了保大清帝国之国运,而是要卫孔孟儒学的文化之道。而一直到晚清终结,也依然有很多具有遗民心态的士大夫怀念清朝,是想要皇帝回来吗?我以为不完全是,他们更多的是怀念那个由孔孟之道所凝聚的社会价值和追求。

在他们看来,改朝换代,政权的更迭是相对次要的事情,重要的是这个孔孟之道的文化系统一直在发挥作用,而他们的理想就是"天下",要以"天下为己任"。士人们的这个天下并不是君王的那个天下,不是要"溥天之下,莫非王土;率土之滨,莫非王臣",把天下当成自己的私产,而是明末清初顾炎武主张"天下兴亡,匹夫有责",是如北宋大儒张横渠所言"为天地立心,为生民立命,为往圣继绝学,为万世开太平",是以社会大治、民生安定为自己的追求的。

所以作为一个文化保守主义者,陈渠珍的决意入川也有这方面的原因。曾有他的同乡兼好友滕文昭力劝他不要入川,认为维新虽然失败,但革新政治,振兴中华为国人所望,其势不可当。如果要立志救国,两湖地区正是革命中心,何必离开故乡而就远?陈渠珍却如何回答呢?

月有阴晴圆缺,人有悲欢离合,大丈夫志在四方,逗游故土,虚费岁月,绝无所成。(《艽野尘梦》)

所以他是志在万里,胸存天下,决意要像古人一样建功立业,报效国家，成就自己不朽千古的美名，博得一个封妻荫子的荣耀。

在今天，你可以说他落伍保守，但我却对他的"天下"意识抱有最高的尊敬。如果今天的官员们士子情怀再多一些，内心也再多一点这种"以天下为己任"，以人民安乐幸福为追求的最高理想，那老百姓的幸福指数会比现在更高吧。

再说入川之后，一开始，赵尔丰得知他们来自湖南，怀疑他们是同盟会成员，万一到部队里搞革命活动可麻烦大了，所以只是让他们在成都等候，却并不加以擢用。

这怎么办呢？说来也巧，当年湖南武备学堂被开除的田应诏，正好从日本士官学校毕业回国，这时候正在四川讲武堂任职，他因为父亲田兴恕的关系与赵尔巽有世交，又与四川新军协统钟颖有交情。陈渠珍等几个人得知他在成都，便去拜望，请他帮忙。田应诏果然肯帮忙，立即向钟颖推荐。经过一番周折，陈渠珍等人这才得以在当时任四川新军的协统、年轻的帝戚钟颖手下任职。

什么是帝戚呢？就是皇帝的亲戚。钟颖父亲是咸丰皇帝的妹夫，因而钟颖和同治帝是姑表亲，慈禧太后甚是宠爱。让他当四川新军协统（在晚清新军的建制里，协统相当于今天的旅长），是想让他挂职锻炼，以后好升他的官，所以那个前途无量啊，是个让人羡煞的贵二代。陈渠珍被任命为六十五标队官，相当于连长的职务，驻防在成都边上的百丈邑。既然安定下来，陈渠珍便让人把妻子刘茨湘从凤凰接到成都相聚。

有一件事充分说明了陈渠珍的思虑深沉，他在军旅闲暇之余不像其他军人只想着出去潇洒、找乐子，他只对一件事情感兴趣，每当部下有从西藏回来的，他就问及西藏的地形风貌和风俗民情，并绘以图籍，久而久之自己成了个"西藏通"。他为什么对西藏之事如此关注呢？

因为英国企图控制西藏的野心当时已昭然天下，陈渠珍知道，四川新军不是白练的,一旦西藏有事,与之毗邻的四川一定会出兵支援。这位军事学校的优秀毕业生心思缜密,注意收集西藏情报,并集中精力写了一部"规划藏事"的《西征计划书》,准备适当的时候向上启奏。

没想到的是,他的这一举动让自己无意间成为了一个大历史事件的见证人,这就是晚清政府出兵西藏,对于西藏事务的治理。

100年前的1909年也许并不特别。这是光绪皇帝和慈禧太后死后的第二年,宣统皇帝还是个小毛孩。此时距1898年的维新变法运动已10年有余,推翻帝制的辛亥革命要两年后才发生。可是,1909年实际不平静。这是大变革的前夜,内忧外患,风雨欲来。在中国西部边境,西藏事务也十分堪忧。英、俄两国对西藏早已是虎视眈眈,晚清政府虽然昏庸无能,但对于西藏事务还是有比较清醒的认识,知道如果不采取更为积极的措施治藏、稳藏,门户一旦被侵略者完全打开,后果不堪设想。

关于西藏的问题,是个历史悠久而又异常复杂的政治问题。我只能粗线条地勾勒一下中国历代中央政府与西藏的关系,对西藏事务的管理。

第三章 入川成功

简单地说,西藏自古以来就是中国不可分割的一部分。早在公元前,居住在这里的藏族先民就与生活在中原的汉族有着联系。以后,经过漫长的岁月,西藏高原上分散的众多部落逐渐统一,渐渐成为现在的藏族。

唐初,藏族的民族英雄松赞干布在西藏高原实现了统一,正式建立了吐蕃王朝,定都逻娑(今拉萨)。松赞干布在位期间,锐意修好唐朝廷,吸取唐朝的先进生产技术和政治文化成果。于公元641年迎娶了唐太宗的宗女文成公主,奠定了吐蕃与唐朝200余年频繁往来的"甥舅亲谊"。但在842年吐蕃王朝崩溃后,青藏高原上此后的600年里一直内部争斗不断,直到元朝才统一藏区,并将西藏纳入中央版图,于是西藏成为元朝中央政府直接治理下的一个行政区域。这以后西藏一直在中央政府的管理之下。

到了1644年清朝取代明朝,对西藏的治理更加严密,使中央政府在西藏行使主权管辖的施政进一步制度化、法律化。1727年,清朝设立驻藏大臣,代表中央监督西藏地方行政;1750年,再次调整管理西藏的行政体制,废除郡王制度,建立西藏地方政府(即噶厦),规定了驻藏大臣与达赖喇嘛共同掌握西藏事务的体制。

19世纪末和20世纪初,西方国家掀起了瓜分中国的狂潮。1840年鸦片战争爆发后,英国完成了对尼泊尔、不丹、锡金等毗邻西藏边境的小国的控制,接着将觊觎的目光投向了西藏。1888年,发动了第一次武装侵略西藏的野蛮战争,侵略者获得了胜利。16年后,英国再次借口边界的问题,发动了规模更大的第二次侵藏战争,这一次他们胃口很大,欲得西藏,然后进一步扩张到川康之地。当时没有抵抗能力的达赖只好出走拉萨,寻求救援。

那时西藏有两位政教合一的领袖。第一称作达赖,驻在拉萨,握政教权力于一体,统治着整个西藏,与罗马教皇类同。第二称作班禅,驻在后藏,但班禅就比达赖逊色多了,仅仅只有一个教皇的名号而已。在陈渠珍的《艽野尘梦》一书中还记载了这样一个关于达赖的历史细节。

达赖虽然以活佛自居,却居然让他的建亭寺护法跳神问卜,以决定面对入侵英军是和呢,还是战。护法装神弄鬼了一通之后,说:"佛能佑我,能够打败敌军并且可以缴获他们的枪械,请示决战。"达赖竟凭借这番话就作出决定,调动藏兵数千在庆喜关外抗击英军。一开始,由于英军骄傲大意,以为不会遭遇抵抗,冒险深入,以致遭遇藏军伏击,仓促应战,在死亡百余人后,稍稍退却。西藏上下,拍手相庆,都认为是神言灵验，英军果真不堪一击。而这时，英军经过整顿之后，继续攻击西藏，藏兵因为都是临时召集的农民作战，缺乏训练，终于导致大败，于是在英军的进攻面前，藏军望风披靡。达赖知道大势已去，于是逮捕建亭寺护法处以磔刑，这是将人的四肢活生生分裂的一种酷刑，极其残忍。不仅如此，还将护法的母亲囚禁在工布的头波沟，而自己逃往通向蒙古地区的哈喇乌苏，企图由蒙古向俄国求援。

所以今天不少人看到社会信仰缺失，道德堕落，就将西藏视为净化心灵、重拾信仰的圣地，觉得那里的藏人因为有宗教信仰而获得了单纯的幸福，非常羡慕他们的生活状态。其实这有片面性和将宗教信仰浪漫化的一面。为什么呢？因为这样的理解忽略了宗教的历史性和社会性，当你站在历史发展的角度理性看到宗教，尤其是和政治结合起来的宗教时，你会发现一点儿也不浪漫，甚至有时候因为权力和利益的分配，还很残酷，很血腥。所以想了解近代的西藏，看看陈渠珍的入藏笔记《艽野尘梦》一定会很有收获。

再说达赖有心向俄国求援，但这时的俄国却有心无力，为什么呢？因为日俄战争中的失败让他们无暇他顾。达赖这才迫于无奈进北京求援。在达赖离藏后的这段时间，清朝廷先后派遣张荫棠、联豫等驻藏大臣入藏办理善后事务。面对西藏当时的复杂局面，政令在西藏无法得到实行的驻藏大臣联豫奏请从四川调兵协助入藏驻防，以起到震慑的作用。清政府也想加强对西藏的控制，故派川军援藏。陈渠珍本是驻守在百丈驿的，怎么又转而入藏了呢？

因为知悉要援藏后，陈渠珍就向没有什么军事准备的钟颖进献了那份《西征计划书》，钟颖如获至宝，一口气读完，认为陈渠珍实在太有才了。立即委任他为援藏军一标三营督队官，这个职务相当于现在的副营长。但陈渠珍并没有立刻走马上任，一开始他很纠结。因为他才让自

第三章 入川成功

己的侄儿将自己的妻子刘湘茨跋山涉水地从湘西送到成都来没多久，如果他去了西藏，妻子怎么办？回去没路费，一个弱女子还需要人护送啊。钟颖很够意思，为了让他一定就任，就送给他一笔钱，还给他加薪，这让陈渠珍很是感动。

　　此时，陈渠珍的妻子刘茨湘听说陈渠珍要出塞，顿时惶然无措，牵着他的衣服痛哭。然而陈渠珍在反复思量之后，想着钟颖待他不薄，且革命潮流不可避免，决意借这次机会，避过革命党的嫌疑，去塞外闯出一条路来。入藏之心既决，虽然是儿女情长，英雄气短，他也只得千方百计安慰好妻子，挥泪而行。

　　接下来，陈渠珍在漫漫征途中会实现他建功立业的梦想吗？

第四章　西征雪域

1909年，陈渠珍随川军援藏，成为晚清政府治理西藏事务的历史见证人。他的一生从他援藏开始，一次又一次与死神擦肩而过，这让他感到祸福莫测，生命无常。他在雪域高原之上经历过一些怎样的险境呢？他在塞外建功立业的理想能实现吗？辛亥革命的枪声又是如何打碎他封妻荫子的士大夫之梦的呢？

烽火照西京，心中自不平。牙璋辞凤阙，铁骑绕龙城。雪暗凋旗画，风多杂鼓声。宁为百夫长，胜作一书生。

这是初唐诗人杨炯的《从军行》，抒发的是诗人看到国家边疆危急，投笔从戎，去往边塞建功立业的壮志豪情。国家有事，匹夫有责，诗人宁愿做个军人驰骋沙场，为保卫边疆而战，也不愿做置身书斋的书生。在中国，无论朝代如何更迭，似乎从来都不缺少这样志在四方、戍守边疆的好男儿。

100年前，1909年的川藏边地，便有这样一位湘籍军官，策马行走在通往藏区的古道上，身前身后全是浩浩汤汤的清王朝军队。前进的方向是入藏的必经之道——泸定桥，那所谓的桥就是架在狂涛怒吼的大渡河之上的几根铁锁，上面由薄木板铺就，看上去无比凶险。而被远远抛在身后的高耸入云的峻岭是相传诸葛亮——诸葛武侯征西南部落时曾经到过的大相岭，悬崖绝壁之上，道宽不及三尺，下面是波涛汹涌的河水，官兵们的马匹都遍身汗流，鞭打都不能让马前进。这眼前的一切无疑就是曾被无数唐人诗中描写的边塞。

这位湘籍军官就是陈渠珍，此刻他一方面感同身受着唐人边塞诗的苍凉悲壮，边地塞外的地势险峻，苦寒艰险，另一方面也感到些许前途未卜的兴奋与茫然。

按照预定计划，陈渠珍所在的这支援藏部队经过雅州，越过高耸入云气候恶劣的大、小相岭，跨过了惊涛骇浪，堪称天险的泸定桥，到了打箭炉，也就是今天的康定。这里终日阴云浓雾，狂风怒号，气候冷冽异常，山巅积雪终年不化。一入城内，见的都是满街的说着藏语的喇嘛，与内地风物截然不同。

从打箭炉继续向前进发，一路上飞沙走石，无日无雪，这些内地而来的官兵从没经历过这样的苦寒，陈渠珍苦中作诗，触景生情，吟出"冰敲马蹄铃声细，雪压枪头剑气寒"之句，这完全是恶劣环境的真实写照。经过50多天的行军，大军终于到了昌都安营扎寨下来。为什么要在这里集中呢？

因为昌都是藏东的门户。而川滇边务大臣赵尔丰派人侦察得知藏人奉达赖旨意，在前方的恩达驻守，准备阻川兵入藏。钟颖所带的是没有入藏经验的新军，所以赵尔丰令他们暂时集中在昌都。

这一次藏军从东而来，目的仅仅是要拦阻川军入藏，倒并不敢公然与清朝廷对抗。为什么藏军要拦阻川军入藏，却又不敢公然与清军作对呢？

这就必须要提到一个人，我们对他并不陌生，他就是此时的川滇边务大臣赵尔丰。但是我们可能又对他非常不熟悉。

根据一些权威学者的看法，赵尔丰是个历史的罪人，辛亥革命中的大反派，因为他镇压了四川保路运动。这不属于我们要讨论的内容。但至少我可以肯定地说,他对于国家,是功大于过。

赵尔丰是那个时代少有的干练之才。四川总督锡良向朝廷保举他时,极尽推重之词,说他"忠勤纯悫,果毅廉明,公而忘私,血诚任事"。赵尔丰何以能得到如此高的评价呢?

赵氏有三兄弟,赵尔丰是老三,赵尔巽是老二,都是清末重臣。他们都是铁岭人。铁岭这地方湖南人都不熟悉,属于辽宁,但说到另两位铁岭人大家就会觉着亲切了——

川滇边务大臣赵尔丰

赵本山和小沈阳。但我若是铁岭人,一定更以有赵氏兄弟这样的老乡而自豪。

赵尔丰是个极富个人魅力的官员。他最开始从知县干起的时候,当地发生蝗灾。他不是为百姓们摇旗呐喊,发动群众。而是以知县身份直接跑到田里和百姓一起去抓蝗虫。你可能认为这是作秀,如今的官员不都会玩这一套吗?但你全部了解了赵尔丰的事迹之后就不会这么说了。

因为他确实是一位真抓实干,特别有魄力、有效率的官员。当然他擅长的不是杀虫,而是杀人。在历史上他有"赵屠夫"的恶名,在四川治哥老会的会匪,一次就捕杀了数百名,很快让当地社会治安稳定下来。在西康也杀了不少当地人。甚至为了严明军纪,他连自己的部下官兵都杀。

在一次战役中,弹药缺乏,他便禁止士兵任意发射,号令军中,每发射子弹多少,就要缴获敌兵首级多少,违者斩之。杀了不少官兵。而官兵疲惫不堪有打瞌睡的,立斩不赦。这样的威严,大家可能觉得他的属下会受不了。事实上他的下属每每提到他，都肃然起敬。赵尔丰丝毫不愧于锡良对他的评价。以身作则，率先垂范，冲锋在前，杀敌当先，试问这样的封疆大吏，放在今天，其先进性也堪称楷模，可谓是凤毛麟角啊。

赵尔丰1906年因成功平定了川康边地的巴塘、里塘之乱后，被委以督办川滇边务大臣之职。由此开始了对川康边地的疾风骤雨般的改革。先是震以军威，然后改土归流，设置郡县，在当地创办教育，振兴实业。值得称道的是，赵尔丰很重视蛮荒之地的教育，甚至考虑到了内地小学的教本不适用于西康边地，于是重加编订，让各校采用。以至于藏人子女当时都以求学为荣，若非后来局面破坏，假以时日，藏人只怕早已被同化了呢。他还召川人来此移民开垦康藏之地，又在当地设银行，为康藏人施种牛痘，做了很多惠及地方的事情。相比赵尔丰在西康的改革，我们会看到陈渠珍在湘西的改革有很多类似的地方，显然有对赵尔丰边地改革的借鉴之处。而且陈渠珍能在湘西解决好汉苗两族间的冲突，让他们和睦相处，应该说从赵尔丰治边的经验中得到了不少启示。

康地人对于赵尔丰是又敬又畏，奉他为天神般的人物。在许多喇嘛寺里，用酥油塑赵尔丰像于柱子上，相貌很狰狞，嘴里吞一藏人，手执两藏人，足又踏两藏人，足可见藏人对他的畏服。这种待遇只有雍正时期用兵西藏的大将年羹尧有过。

1908年，赵尔丰被任命为驻藏大臣兼川滇边务大臣。西藏地方政府和寺院闻讯后，深知赵尔丰若主藏政，必会有与在川边康地一样的改革，这就损害到了他们的利益，因此调集藏兵，力图武力阻止赵尔丰入藏。但又慑于赵尔丰的威名，不敢公然冒犯。

这样我们就可明白为何之前陈渠珍部队一路行来，没有遇到什么藏兵阻拦，很顺利地到达了昌都。陈渠珍后来去腊左侦察被藏兵捉住，没有被杀害，也和藏兵惧怕赵尔丰的威名有关。

在了解陈渠珍的历史过程中，我有一种感受，虽然作为个体的陈渠珍充满传奇色彩，但他的意义和精彩是那个时代所赋予的。那个时代精彩的人太多了，历史就是由无数这些精彩的人写就的。他们的精彩不在于他们有多少财富，多大的权力，而在于他们用权力和财富乃至生命创造了一个怎样的世界，是否推动了社会的前进和发展，是否为人民谋福祉。这些以天下为己任的国家精英们，无论他们是激进，还是保守，都是鲁迅先生所说的中华民族的脊梁。你不能否认，国家的发展和前进，不仅需要激进的破坏，也需要保守的建设。

据统计赵尔丰所收复的川边土地东西约3000余里，南北约4000余里，在其中设立行政单位有30余个，这成为后来民国西康省设治的基础。也使得清末的西藏局势没有向更坏的方向发展，某种程度上维护了国家的统一。

有学者评价赵尔丰在川边的政绩，"自清以来，治边者无有著功若此者"。

值得一提的是赵尔丰的结局，1911年他对四川保路运动中的民众的镇压成了大清终结的导火索。历史的吊诡之处正在于此，他一心一意保家卫国，大清国却间接亡在他手上。他在边地所建的功业不在左宗棠之下，然而结局却有天壤之别，最后被革命党斩首示众，以儆效尤，把他作成了革命祭坛上的祭品。

在陈渠珍的遗著中，专门撰写了一文《赵尔丰轶事》，对赵尔丰在川边的功绩叙说甚详，并直言对其的崇敬之情："予景仰前贤遗惠，至今爱述往事，昭告国人，将以树之楷模。"同时也表达了他对赵尔丰惨死之悲凉的同情：

呜呼！尔丰在康辟地三千余里，改土归流，设官移民，兴学育才，通商惠工，建设事业方兴未艾……不图清祚既终，尔丰亦随之而死。其开边与左宗棠同功，而食报与左宗棠异趣。人之有幸有不幸，何相悬若斯耶！哲人云亡，邦国殄瘁。吾谈边事，不能不深惜尔丰，又不仅深惜尔丰也已。噫！

这说的是赵尔丰，又何尝不是1936年在湘西主政几起几落的陈渠珍在为自己的命运不济惋叹呢？这叫作借他人之杯酒，浇胸中之块垒。但陈渠珍始终没弄明白这个问题：为什么左宗棠能够留下千古英名，而赵尔丰与他却落得如此结局呢？这也是我们要继续探讨的问题。

再说，赵尔丰要钟颖待命昌都，先挑选4名官兵前往恩达侦察敌情。这深入虎穴，自然是万分冒险的事情，谁愿意去送死呢？要知道那时藏人对敌人是极其残暴的。曾经就有汉人官吏被寺院喇嘛剥皮填草示众的事件发生。结果这一连几天，无人揭榜。这时陈渠珍那股竿军精神的劲儿就冒出来了，他看不下去了，他认为贪生怕死、贻误军机简直是军人的耻辱，于是自告奋勇前去请命。亲自带了一个熟悉藏情的通事（翻译）前去侦察。冒死犯难不惜命，不正是湘西竿军精神的体现吗？舍我其谁无所畏惧，这就是湖湘男儿的风骨啊！

接下来陈渠珍将会在前往恩达侦察的途中遇到怎样的危险呢？他又是如何化险为夷逃过重重劫难的呢？说到陈渠珍的大难不死，总能化险为夷，让我想起关于他的一个后来发生的故事。

1936年，旧历丙子年。

已经入秋的长沙依然十分美丽，麓山红叶知秋，湘江如带，大气雍容地向北而去，江上有在两岸穿梭的渡船，不时还有沙鸥低飞着在江面潇洒地掠过。江边码头上十分繁忙。江山如此多娇，丝毫看不出时局即将动荡，抗日战争一年后将在中国全面爆发，明年长沙的秋天将因此黯然失色。

在长沙城内的紫荆街上,青石板铺就的路面向东一路延伸。虽是白天,街上行人并不多。只见两位五六十开外穿着玄色长褂子的绅士在悠然踱步,间或还交谈几句。其中一位清癯健朗,留着山羊胡子,行动之间自有一股轩昂威严的气派。他看到正前方有一民宅,门楣上高悬"吴竟成宅"四字,眼睛一亮,显示出极浓厚的兴趣。并赶忙拉着他的同伴登门拜访。这里面住着的是何方神圣呢?

此间的主人是当时长沙城里极为有名的相命先生,其相术之精是远近皆知。这位老绅士就是冲他的相术而登门的。

再说,这相面的高人吴竟成出来见了两位客人,问过老者的生辰八字之后,对着相书掐指算了很久,然后抬头颇为敬重而讶异地重新打量着这位山羊胡子的来者,对他说:"奇怪啊!先生您的相实属可贵,打不死、杀不死、骂不死、穷不死、饿不死、跑不死、累不死、苦不死、气不死。"一连说了九个不死,只差没说"老不死"了。"想来大难不死,必有后福,今日即便困厄,终有否极泰来之日,"吴竟成总结道。

听到相命先生的话,这位气势不凡的老者似乎并不惊讶,微微颔首,神情之中既有几分酸苦沧桑,又有一丝欣慰。显然这番话正中他下怀,也勾起了他对往事的回忆。

第四章 西征雪域

这位山羊胡子的老者就是陈渠珍,此刻他已被省主席何键解除湘西的军权,在长沙赋闲多日,这日因有些郁闷,和他的多年老友兼同乡滕文昭出门转转,没想到却算了一命。

关于算命术,有人信,有人不信,陈渠珍信不信呢?

中年之后的陈渠珍非常信,他认为命相之说,源于古代天人感性之说。人自天地而来,故以人可证之宇宙本体,因此以人心可见天心,反过来以天心可明人心,所以可以借阴阳五行八卦的演绎窥见人事之迹,

· 43 ·

那些治乱、兴衰、利害、生死等人事的发生并不全是偶然呢。

说得好像也有些道理，反正我自己对命相之说是又信又不信。但陈渠珍信啊，一般信命的人往往是经历过大灾大难，感受到生命无常的人。他的一生从他援藏开始，确实一次又一次与死神擦身而过，同时一次次亲眼见到身边人撒手人寰。这让他感到祸福莫测，生命无常。那么他在雪域高原之上经历过一些怎样的险境呢？

腊左探险是陈渠珍西征之中最惊险的事，也是其最得意的事。因藏兵巡逻队已经出没于腊左这个地方，陈渠珍为了打探敌情，冒险与翻译翻山越岭于夜幕降临时前去腊左侦察。入夜后潜入腊左，找了个楼房休息，结果点燃的蜡烛引来藏兵，开始他们躲起来，藏兵来而复去，似未发现，但不久又去而复来了黑压压一群藏骑，不用说，前面的藏兵怕搞不定，回去搬了大部队来了。藏兵们个个拔出明晃晃的大刀逼近楼房。陈渠珍本想躲起来，但转念一想，关上门等于表明里面有人，躲在洞里容易被乱刀刺中，不如装成无事的样子，或者可以幸免。不过藏兵才不管那么多，见到人举刀就乱砍过来，幸亏屋内矮窄，藏人的房子跟我们汉人的相比，确实矮而窄，里面光线也不好。陈渠珍挨了一刀，昏了过去。所幸人还没被砍死，藏兵们把昏倒了的陈渠珍捆在马上，一气走了10多里，来到藏兵驻扎的地方。当晚对醒来的陈渠珍进行审问拷打。陈渠珍并没有慌神，他知道藏人畏服赵尔丰，便说自己是奉赵大人之命来的。为首的军官听说赵尔丰已经到了，颇有忌惮。第二天便很客气地将他带到恩达面见本地长官堪布登珠。

堪布登珠已经得知陈渠珍是赵军的来使，诚恳地对他表示抱歉。陈渠珍便索性继续以赵尔丰的来使自居，责怪堪布不分青红皂白无礼对待来使，令堪布登珠十分惶恐，一再致歉，答应三天之内撤兵，还为陈渠珍的伤痛念佛求神，又赠送医药和好马、藏香、佛珠等，并亲自带兵4

人护送陈渠珍到腊左后才告别。

陈渠珍因贪功冒进差点性命不保，但又亏他机智沉着，能化险为夷转危为安，总算是不辱使命，在鬼门关前走了一遭，捡了条命回来。可是随后带着大军来到昌都会和的赵尔丰大帅得知陈渠珍腊左遇险的情况后，勃然大怒，斥责陈渠珍冒险贪功，泄露了军纪，有损军威，要把他斩首正法。陈渠珍得知消息后，极为惊骇，他又如何逃过这一劫的呢？

第二天，赵尔丰果然将陈渠珍传到行辕，怒容满面，陈渠珍便用早想好了的话为自己申辩："我的罪过我自己知道，但是我是奉命前往。虽然曾被俘虏，但能被藏人以礼送回，又宣示了我军的仁德政策和军事威力，让藏军望风而退。是功是罪，我自己不敢说，请大帅深察。"听了这个话，加上钟颖等人在旁解释，接下来的事情突然发生了一个180度的大转弯。

赵尔丰这个人委实是个人物，他处理事情能够以事实为依据，知错便能改，这种气度就不是一般官吏所能有。本来是要对陈渠珍以军纪正法的，当问明经过原委后，他又验明堪布登珠的咨文，知道陈渠珍此行实有功而无过，便当场解除陈渠珍的上级林修梅的职务，让陈渠珍代之。为什么要解除林的职务呢，因林修梅担心陈渠珍被俘一事会祸及自身，便听信小人谗言，在赵尔丰面前推脱不知。结果却反而令赵尔丰对其产生疑惑，事情核实之后，赵尔丰自然反感其为人，而让陈渠珍取而代之。

第四章　西征雪域

这件事情让陈渠珍颇有感触，在以后的人生经历中，他也一次次地发现，很多人费尽心机，损人而利己，但结果却又正好相反，叫作机关算尽太聪明，反误了卿卿性命。而诚心正意的人却往往能因势乘便，转祸为福，化险为夷。例如后来从昌都继续向前行进时，在雪山之上，有的狡猾的士兵，为了偷懒，想得到骑马的待遇，常假装病重。为什么呢？因为军中规定，每个班有一匹马，但只能给害病的士兵当坐骑。可是呢，进入雪域后，天气实在绝冷，若在马上骑久了，两只脚会被冻僵，疼痛难以忍受。因此在乘马前，必须要先步行几里路，把筋骨活动开，骑上马后，也不能骑久了。可这些士兵很自私贪心，虽然初上马时，也感到双脚很冷，但不肯下马，为什么呢？是因为怕被其他真正生病的士兵争去了。就从早到晚，终日骑在马上。结果呢，两只脚冷得疼痛，继而发肿，更加不能下马，经过三五天后，双脚根本无法沾地，最后弄假成真，脚废了，病严重起来，行军路上又缺少医药，不能停下来休息，为此丢掉性命的到处都可以看到。这不就是小聪明惹的祸吗？

所以对这些事情看多了，陈渠珍便深刻认识到为人品德的重要性，后来他在治理竿军、教化民众时特别强调"良心论"的哲学思想与这种阅历和认识不无关系。

这一来，陈渠珍为不负赵帅所望，打仗十分尽力。先是顺利占领恩达，然后又自恩达向北进发，前往三十九族境内。三十九族是个什么地方呢，听着好像地方不大，其实纵横千余里，人口有数十万。这里的藏人对汉人很亲善，所以赵尔丰特意选定此路。这个地方因气候高寒，多有雪山，有很多珍贵的出产，比如雪蛆，就是今天说的冬虫夏草，还有雪晶、雪猪，都是只有雪山才有的稀罕物，让陈渠珍大开眼界。

清宣统二年（1910年）大年初一部队又抵达了有"西藏的江南"之称的工布。工布气候温和，冬季山间仍开有野花，入春后山顶是银装素裹，山腰则树木葱茏，翠色欲滴，而山下却又是另一番景象，桃花怒放，一片花海，十分壮观美丽。

在这里，陈渠珍开始执行剿抚并施的政策，每至一处，便召集藏人和喇嘛，向他们宣传汉藏一家的政策，又巡视各寨，关心百姓疾苦，同时严肃军纪，严禁官兵擅入民房和喇嘛寺，做到秋毫无犯。甚至在查抄达赖的财产时,有用宝石、玛瑙、金佛镶嵌的佛经这样的稀世珍宝,陈渠珍也不为动心。所以当地藏人很是拥戴这支清军部队,历时两个月,就将工布全部肃清。陈渠珍也得到了赵尔丰的嘉奖。

我想,虽然西藏和湘西地域不同,但都为蛮荒边地,为政自然有相似之处,所以陈渠珍之所以后来能在湘西崛起,一定得益于他西征援藏时打仗行军的经历。

看来文武双全,有智有谋的清军军官陈渠珍是铁了心要走这条立功封侯、封妻荫子的道路了。一切看起来都很顺利,接下来他甚至在德摩这个地方还交了桃花运,在这里,他邂逅了一位 16 岁的藏族少女。这位少女马上英姿飒爽的风姿牵引了他的视线,也牵出了一段大漠之中相濡以沫、感人至深的爱情。这段爱情传奇不仅体现了湘西王侠骨柔情的一面,更成就了一部惊才绝艳的传世之作《艽野尘梦》。这究竟是一段怎样的爱情传奇呢?

第四章 西征雪域

第五章　艽野尘梦

1936 年,陈渠珍被迫交出兵权,在长沙麻园岭闲居,他一手培育的竿军健儿则踏上了前途未卜的抗日战场。这一年他 54 岁。政治的险恶,世事的无常,欲施展抱负却又处处受制的困境,让他迷惑和苦闷。在长沙居住的这段难得的安静时光让他开始回忆起遥远的过去。

那一年春暖花开的时候,一个汉族军人与一个藏族女子在高原上相遇……

从来不曾想起,只是因为永远也不会忘记。而今一旦想起,那段深藏在心底的故事立刻变得有温度起来,以至于让陈渠珍有了想将之付诸文字的决心。这是一段怎样的爱情传奇呢?

前面几章中我讲了太多杀伐、征战、国家、民族等宏大的沉重的内容。这一章中我想很纯粹地讲一个爱情故事,来证明我们湘西男儿确实是有血性有胆识的好男儿,以至于有好女子为他们出生入死而甘之如饴。这段爱情传奇不仅展现了湘西王侠骨柔肠的一面,也成就了一部惊才绝艳的传世之作《艽野尘梦》。这究竟是一段怎样的爱情传奇呢?我想起著名台湾女作家三毛悼念其亡夫荷西的文章《梦里花落知多少》,原来所有深深爱过的人,都会在自己的心灵深处珍藏着一个叫作"人生"的梦。而在陈渠珍的生命里,那个不幸于正当韶华的年纪亡故的藏族女子叫西原。

1910年，也就是清宣统二年，西藏高原上的德摩迎来了春暖花开，也迎来了一支从川地开来的大清军队，这个地方也属工布，民情纯朴，荒远幽僻，多麝香、熊胆等物产，当地的藏女都善骑射。

来驻防的这支军队的首领就是陈渠珍，他平日里时而与寺院高僧喇嘛研谈佛理，时而与地方长官（当地称为"第巴"）往来应酬、打猎，搞好关系，时而在营部看书消磨时光，由于无战事，几乎让陈渠珍有世外桃源之感，时间长了，难免有几分寂寞。

一日，第巴的舅父，贡觉的营官加瓜彭错前来拜见陈渠珍，并邀请他到家里做客。陈渠珍大概也闲得无聊，就答应了。第二天他与第巴一起来到贡觉，这营官大概相当于现在的乡长，在当地也是一方长官，彭错夫妇招待这位军官是备极殷勤。先是请一行人观赏藏女们的歌舞，是藏族的民间舞蹈，名为"锅庄"。然后又去园中比赛射箭。陈渠珍自幼习武，看到弓箭很是亲切喜欢。

接着，彭错引陈渠珍一行来到屋外绿草如茵的河干上，只见平原一望有数里之远，地上每三四十步，立了一根球杆，杆高尺来许，彭错牵了10余匹好马来，说本地的姑娘们能骑烈马，让贵客们观赏女子马术表演。

只见蓝天之下，绿草如茵，藏族姑娘们头束丝带，右臂袒露，身姿健美，策马奔驰如飞，行至立杆处，俯身拔杆，构成一道极美极跃动的画面。其中有一个十五六岁的少女，怒马鲜服，矫健敏捷，一气连拔5竿，远超过其他女子，得到大家一致的热烈掌声。

在陈渠珍的传世文字中再没有更多关于两人初次见面的描写，也没有陈渠珍对西原一见钟情的爱慕文字，但是那个少女的矫健身影就是那样深深地镌刻在这个湘西王的心里，20多年后依然鲜明如昨，这不是爱，又是什么呢？

第五章 羌野尘梦

却说陈渠珍大概在内地看多了小脚羸弱的汉族女子，尚武的他非常欣赏藏族女子运动型的健康美，所以到了吃饭的时候还对那个连拔5竿的少女盛赞不已，说是这女子了得，体力之强，马术之精，就是男人都难及她。

第巴见陈管带如此盛赞，便知趣地说"公如属意，即以奉巾节如何？"奉巾节是什么意思呢？原意是说伺候梳洗沐浴，委婉地表达以妻妾的身份服侍夫君的意思。陈渠珍只当是男人之间的玩笑话，没往心里去，也以玩笑的口吻回应着。哪知有一天第巴再次认真提起此事，说彭错夫妇将亲自把女儿送来，并说少女闻说此事也很欣喜。陈渠珍一听愕然，本是男人间的戏言，不曾想却结下一场孽缘。

为什么陈渠珍在《艽野尘梦》中称"乃知一言之戏，竟缔孽缘"呢，这其实是他无比沉痛的说法，因为西原跟着他奔走大漠，受尽艰苦，最后却死在西安，不能随夫同归故里。而后来被达赖秋后算账，凡结欢于汉官者都被杀掉。彭错夫妇，也就是西原的父母，竟受剐刑而死，悲惨至极！

陈渠珍自然是想，西原若是没有跟他，或许还可嫁人生子，终老一生。正因为爱她、心痛她，只要她一生安好，哪怕今生与她无缘也是好的。这不是爱，又是什么呢？

这一来，陈渠珍不好拂了藏官的美意，毕竟把自己的女儿托付出去却被拒绝，是极不礼貌的事情，何况是纯朴刚直的藏人，于是陈渠珍只好答应了下来。这样的结合也堪称是20世纪版本的汉藏和亲了。

西原华衣鲜服地被送到陈渠珍驻地，但见这个明慧的藏族少女靓衣明眸，别有风致。陈渠珍"甚爱之"，这是《艽野尘梦》中唯一的一次直接的爱的表达。

陈渠珍很喜欢这个女子，想来西原也很愿意嫁给这个汉族军官。当然，陈渠珍当年也是个正当而立之年的青年，血气方刚，英气逼人。于是这个明媚天真、有着精湛马术的少女命运就这样和这个叫陈渠珍的汉族军人紧紧联系在一起，直到生命的终结。著名的雪域情僧——六世达赖仓央嘉措写了很多美好的情诗。其中有云：我那心爱的人儿，如果作终身伴侣，就像从大海底下，捞上来的珍宝一样。或许这最能代表那一刻陈渠珍的心情。

其实陈渠珍原有妻子，娶西原未必不是出于军旅无聊之心。但后来西原的勇敢高尚，如暗夜之灯，和他一路上生死与共，确实让他刻骨铭心，所谓患难中见真情啊。

那他们后来到底发生了什么事情，使这段萍水相逢的姻缘最后变成了一个悲剧呢？

陈渠珍娶到西原简直如有天助，因为西原骑马射箭打枪无一不精，不是男子，却胜似男子，在军营之中，不仅仅不是包袱，其实成了陈渠珍的一个得力帮手。接下来陈渠珍奉命攻打波密，他带着西原率部离开德摩。在平定波密的战役中，好几次都是西原救了陈渠珍，且在丛山乱石中攀爬俯跳，陈渠珍都不如西原，很多时候还要靠西原保护和帮忙。有一次，在八浪登与藏兵短兵相接，突然有一群藏兵从一块大石潜到陈渠珍背后，企图将其擒杀，幸好被西原发现，听到西原喊声，陈渠珍立即转身一枪，击毙一个藏兵，其余见势败走，才幸免于难。想来戎马倥偬的生涯中，有一位智勇双全的红颜相伴，纵是有千难万险、出生入死，在两个人的心里也是甜蜜温柔的。

波密被平定后，1911年的10月，时局却发生了巨大的变化。

内地爆发武昌起义的消息由英国的《泰晤士报》传到了拉萨，继而开始在清军部队中传开。时局开始动荡，大清朝都亡了，皇帝都没了，陈渠珍的军功升迁之梦终于被现实击得粉碎。

辛亥革命的成功，哥老会成员在里面起了非常重要的作用。而驻藏军队里也有许多加入哥老会的川籍将士,听到反清起义的消息,立即组织发动兵变,杀死了统领罗长裿。陈渠珍由于平日待人宽厚,加上他的部下湘西子弟居多,所以受到保护,并没有遭受哗变士兵的驱逐和侮辱。罗长裿的死,后来有人诬指是陈渠珍指使,1914年惊动了袁世凯亲自过问,要将陈渠珍逮捕归案,很多人以为这次陈渠珍难逃一死,结果他却自请赴京,在军事法庭上从容为自己辩护。所幸逃过一劫,无罪释放。这又是他一生中的一次大难不死。

我们知道,陈渠珍读军校期间就参加了同盟会,他在清军中又很得士兵拥戴,因此军内的同盟会有意推举他作为反清的首领,夺取军权,但同盟会势力远不如哥老会的势力盘根错节。而清军这边,又认为他与革命党、哥老会均有干系。眼看驻藏清军内部剑拔弩张,这边达赖的藏军又早已虎视眈眈。陈渠珍在复杂局面之中,是左右为难,最后他决定离开是非之地,走为上策,于是写纸条托人送到西原家里,期望她和自己一起东归。

那可是离家万里,再无见父老乡亲的机会,然而西原却毅然如约而至,决心和自己的丈夫相伴相随。那份坚贞和从容温暖了陈渠珍前途未卜的不安心灵。藏女西原不管那些大是大非、政治时局,她小小的女儿心里只装着自己钟爱的丈夫。奇怪,这个女子让人会想到湘西作家沈从文在《边城》中写到的边城女孩翠翠,同样的单纯、美好,而且勇敢、矫健。

陈渠珍带领湘黔籍官兵115人企图返回原籍。当时从原路东归已经不可能,他们一行百余人只能走藏北无人区,经青海去西安。可是进入酱通大漠后,这一行人在无人藏区一度完全断粮了五个月,完全绝火两个月,风雪迷途,食粮殆尽,沿途只能茹毛饮血,与狼争食,回到了最原始的生存状态,甚至在极度饥饿的情况下,士兵们开始吃死去同伴的尸体。这是怎样一段可怕的经历呢？

一开始刚进入大漠，作为向导的喇嘛还能隐约指示方向。但后来冰雪越来越大，也不知这喇嘛是有意还是无意，慢慢地他们就找不着北了。路途中迷了路，时当冬季，北风凛寒，浩瀚的大漠除了兽迹，再无人烟，大家长时间昼行雪地，夜宿雪中，蓬头垢面，有如野人。人一天天在减少，粮食也一天天在减少，时时刻刻还有比他们更饥饿的野狼尾随着他们。他们不得不焚烧行李，宰杀驮物的牛马来度日。再往后，牛马吃完了，漫天黄沙，遍地冰雪，便只能靠射杀野兽度日。

等过了《西游记》里都曾提到过的那条让唐僧望河落泪的通天河，这支队伍已死去 80 多人，完全靠猎食野兽维持生命。而坚强的西藏少女西原始终跟随着丈夫，不仅不是他的包袱和累赘，全靠有着高原生存经验的西原照应，陈渠珍才没有葬身雪域。

比如在大漠中行走日久，他们的藏靴破烂，就用毛毡包着脚走路。久了以后毛毡也烂了，于是皮肉一沾上冰雪，开始肿痛，继而溃烂，直到一步都走不了，这时候牛马早杀了当口中餐了，没有代步工具，途中又没有医药，大家又各自逃命都来不及，无法扶之一起走，只能眼看着同伴僵卧于地上，辗转呻吟而死，或夜晚被狼噬咬而尽，却毫无办法，这样死去的就有 15 人。陈渠珍也不慎右脚沾雪而肿，亏得西原坚持用牛油烘热涂抹，过了几天竟然完好如初！如果没有西原，陈渠珍早已是大漠游魂一缕了。

第五章　羌野尘梦

当时为了两个人能活下去，西原执意要随士兵们去猎取野兽，陈渠珍不忍她去冒险，她哭着坚持说："士兵们能分给我们多少，命都不保了，野兽有什么好怕的。"于是陈渠珍只好答应带她一起去猎兽。进入山谷之中，西原走得很快。听到砰的一声枪响，陈渠珍上前去看，西原竟然打死了一只野骡子。两个人就砍下骡子腿，用带子牵着往回走。回到驻地，大汗淋漓的西原又嘱咐陈渠珍好好看守，然后匆匆离开。等回来时，带了一包捡回的牛粪，这玩意儿大漠上到处都是。西原很能干，将肉割成方块，用枪的通条穿好，用牛粪燃火，将之烤干，存起来做干粮。其他士兵也都效法西原，又坚持了10余日。

后来火柴也用完了，想起来这血淋淋的生肉如何能吃下去？在大漠中倒是几乎天天都有冰雪，从野兽身上割下来的肉，十分钟左右就冻成了冰块。用刀切出来脆而且薄，并不像内地的生肉那样腥血淋漓的，估计吃起来还别有一番风味。食盐是早就没有了，他们也早已习惯了淡食。

可是接下来连日冰雪铺地，野兽都不见了踪迹，每个人都已经饿得不堪忍受。这一日，陈渠珍拿出两人所储的最后一小块干肉，像往常一样分一半给西原吃。西原却坚不肯食，陈渠珍"强之再"，逼她吃，她哭了，说道：我能耐饥饿，可以几天不吃东西，君不可一日不食，且万里从君，可无我，不可无君。何况，你死了，我也不能活着（我能耐饥，可数日不食。君不可一日不食。且万里从君，可无我，不可无君。君而殍，我安能逃耶）。西原的真情令有泪不轻弹的大男人陈渠珍只有相对而泣，心里有说不出的痛。这样的女子情义之重着实让人叹惋，用相濡以沫来形容他们之间的情义并没有丝毫的夸张。看来女人总是心甘情愿买英雄的账，直教人生死相许，也无怨无悔呢。

到了第二天中午，饥饿终于把人变成了野兽。一个姓杨的士兵死了。士兵们实在饥饿难忍了，便要将死者拿来充饥。哪知走去看时，死者早已被狼吃得只剩两只手一只脚，大家也取回来烧着吃。且因为互相争食，还引起一场吵骂。陈渠珍听到了去劝解，一边劝，一边双泪直流。又过了几天，士兵们实在饿得饥肠寸断，无法可施，于是心性大变，商量着要把那个随行的藏娃杀来充饥。一个姓刘的士兵于心不忍，忙去向陈渠珍报告，陈渠珍听了痛彻心扉，对大家说："如果杀一个人可以救大家，我无可怜恤，但是藏娃已经瘦得没有一点肉，全是骨头，把他杀了煮熟，难分一杯羹。"这样大家才终于没动手杀人。

残酷的现实把人变成了残忍的野兽，把残存的人性碾压得所剩无几，作为长官作出行动计划的陈渠珍面对这种情形自然会感到内疚之痛，而士兵们因为饥饿违逆人常的做法又更衬托了藏女西原精神的高贵，她舍己为人的忠诚爱情像一盏明灯照亮了人性的昏暗。她就像高原的雪莲，有不染尘埃的洁净和纯粹。

正所谓一念天堂，一念地狱。陈渠珍在大漠绝境之中，可以说既看到了人性的天堂，也看到了人性的炼狱。他们在大漠中曾遇到一群友善的蒙古喇嘛，赠与他们食物不少。但同行的士兵有人生起贪恋，欲将喇嘛杀掉，夺其财物和食物。结果一番打斗之后，喇嘛带着所有的东西绝尘而去。他们再度陷入绝粮境地，起贪恋的士兵也因受伤被同伴们所弃，结局可想而知，自然成了狼的晚餐。所以贪念不可起。而与之相反的，陈渠珍因一同伴胡玉林落单，不忍中途弃之不顾，于是尽力寻找，鸣枪示意。结果胡玉林引一猎人循着枪声而来。陈渠珍因一恻隐之心，不光等到同伴的生还，还得到一个本地猎人为向导。让他们于日暮途穷之中又出现一丝生机。

第五章 荒野尘梦

所以陈渠珍之所以后来以"良心"来作为人安身立命之本，与他的经历有很大的关系。在生死的绝境之下，他比别人更清楚地认识到生命最本质的东西。苦难是一笔财富，对于陈渠珍而言，这无疑是一笔巨大的影响他一生的财富。

七个月后，他们历经千辛万苦，终于到了有人的地方，到兰州时，之前出发时的百余人只活下来11个。

昔日孟子说"天将降大任于斯人"句，形容陈渠珍诚不为过。陈渠珍的同乡，著名画家黄永玉讲到陈渠珍，认为他：与常人不一样，陈有底子，常人没有，他的底子是西藏打的。经历了《艽野尘梦》那种大难大厄的人，要么看破红尘，遁入空门去，要么有常人难有的毅力与品格，成常人难及的事业。

西藏之行确实为陈渠珍日后权倾湘西打下了基础，令他无论面对怎样的困境，都能坚忍耐劳，历尽艰险困厄而不放弃。在大漠的经历对于陈渠珍的影响极为深刻，让他对于生死、名利、得失都有了高于一般人的看法，更有了一种生命的无常感。在关键时候，他能够拿得起放得下，不计个人利害和得失。

也因为经历了不一样的人生，所以他对于老庄之道尤其是《庄子》极其钟爱。他多有这样的言论，认为人要乐天知命；天生万物，是自然无为的，不是有意雕刻而成的，"要守道，率性，顺化，无竞"，"一切顺应自然，勿稍勉强"。这些道理自然都不仅仅是说教的，而是来自于他对生活的铭心刻骨的体验。

陈渠珍后来将自己的所有住所都命名为"寥天一庐"，就是取自《庄子》❶。所谓"寥天一"指的就是入于寂寥而与天为一也❷，陈渠珍向往的就是"天地与我并生，万物与我为一"的清静无为之境界。这在他的同辈军政人员中，独树一帜，即便是专门研究老庄的学者中，也属少见。有些人面对人生的笃定和通达，正是因为他于备极艰辛的人生中窥见了生命的真相。陈渠珍应该算是这样的人，以他的一生，屡次能大难不死，最后居然在红色政权中得以保全，不是智慧，也是天命了。

遗憾的是，西原就像一根蜡烛，照亮陈渠珍的生命，自己却耗尽了

---

❶《庄子·大宗师》："安排而化去，乃入于寥天一。"
❷《道德经》："有物混成，先天地生。寂兮寥兮，独立而不改，周行而不殆，可以为天下母。"

仅存的一点点能量。到了西安,西原水土不服,加上劳累成疾,西原不幸传染上天花。庸医误诊后,她一病不起,临终弥留之际,她拉着陈渠珍的手说:"西原万里从君,只想与君白头到老。不曾想竟然病入膏肓,不得不与君中道诀别。然而君若有幸能得到帮助,脱离此地,我死也瞑目了。如今算来,家中书信应该不日即到,愿君南归途中,一路珍重,西原已不能随行了。"说完,长叹数声,溘然长逝,年仅19岁。她死的时候,陈渠珍心如刀绞,号啕大哭,穷愁潦倒之际偏偏又失去一个最爱自己的女人,真是屋漏偏遭雨淋。陈渠珍借钱装殓西原,葬于西安雁塔寺。含泪回到居处,恍然中已不见西原踪影,只觉满室凄清,纬帘飘飞,想起西原追随自己的种种艰难,不禁仰天长哭,泪枯声竭。

陈渠珍墓及黄永玉设计西原雕像

全书至此,便结尾了,犹如古人抚琴到最激越的地方一般,一时间琴弦绷断,声音也随之戛然而止。用陈渠珍自己的话说:"述至此,肝肠寸断矣。余书亦从此辍笔矣。"

24年后,也就是在1936年丙子年的除夕,陈渠珍54岁时,于长沙自己的居所"寥天一庐"将这段入藏经历和感人爱情写成了一本惊才绝艳的奇书《艽野尘梦》。

所谓"艽野"就是荒野的意思,"尘梦"就是往事并不如烟的意思。书名的意思就是那些荒原大漠上相濡以沫的日子并没有被活着的人忘记。每个人在成长的过程中可能都会有这样的体验:那些在岁月中永恒失落了的时光往往才是生命中最好的时光,因为它永远地离我们而去,所以我们用怀念来召唤它,它也因此变得无比美好。对于陈渠珍来说,西原的意义何尝不也是如此呢?

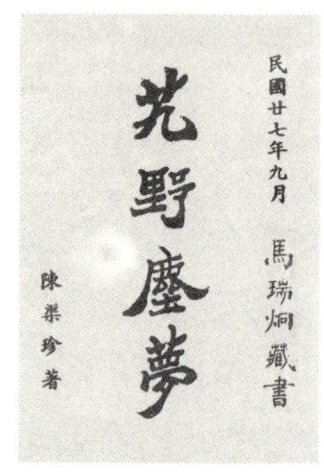

早版的《艽野尘梦》

这让我想起岳飞有首词,叫《小重山》,是岳飞被害前闲居庐山时所写:

昨夜寒蛩不住鸣。惊回千里梦,已三更。起来独自绕阶行。人悄悄,帘外月胧明。

白首为功名。旧山松竹老,阻归程。欲将心事付瑶琴。知音少,弦断有谁听?

这首词正可形容那一刻陈渠珍壮志难酬,英雄无用武之地,回首往事,痛悼西原的悲怆心境:虽然我还在尘世苟活,但戎马倥偬,尔虞我诈,你的至死不渝的真情怀想起来尤其觉得可贵,然而如今你我却已经碧落黄泉两茫茫,没有你,谁还能懂得此刻我的心情呢?

显然,陈渠珍这个湘西王,并没有辜负西原的情义,在他内心深处有一个地方始终装着这个藏族女子明媚的笑容。由此可见湘西强人在风云叱咤、腥风血雨中也还有情深义重,柔情侠骨的动人一面。后来陈渠珍在湘西崛起之后托同乡董禹麓将西原的灵柩运回湘西,建了墓,也算是了了西原万里从夫的遗愿。

记得好几年前，第一次读完《艽野尘梦》之后，我的读后感就是如果能穿越一回，回到一百年前，我也会拿命去爱上这个侠骨柔肠的湘西男儿。这就是文字和情感的魅力，不过现实有时候却不像想象中的那么浪漫和绝对。比如，有着对西原铭心刻骨的爱，但并不影响后来陈渠珍的妻妾成群。当然这也可以有另一种解释，就是对于西原铭心刻骨的爱让别的女子无法再走入他的心灵，所以娶一个和娶几个并没有太多区别，而且在那个时代有多个妻妾并不是什么不光彩的事情。在陈渠珍的妻妾中，亦有一位追慕英雄的女子说过这样掷地有声的话："宁作英雄妾，不为庸人妻。"对此，我们还能说什么呢？

《艽野尘梦》这本书不光见证了一段湘西王的传奇经历，是一部精彩绝伦的传记小说，而且也是极为珍贵的清末民初西藏文史资料和军政备忘录。从这一点上说，陈渠珍的学识才华也不可小觑，对于我们国家的历史文化尤其是清末民初西藏这一块有很重要的贡献。

却说陈渠珍安葬西原于西安雁塔寺，然后启程回湘。不曾想在他于大漠中茹毛饮血，与狼争食之际，中国已经发生了翻天覆地的变化。异域归来，国易共和。改天换地，物是人非。陈渠珍将如何另起炉灶，从头开始，闯出一条乱世英雄之路呢？

第五章 艽野尘梦

第六章　崛起湘西

陈渠珍办完西原的丧事，心灰意冷，决定启程回乡。经过一个多月的奔波，终于于1913年正月底落寞地回到凤凰沱江镇西门坡的老家。这时凤凰已经光复一年多了。陈渠珍成了一介平民，他的志向抱负无法得以施展了。那他将作何打算呢？辛亥革命后的湘西如今又是个什么局面呢？他又是如何崛起于湘西成为湘西王的呢？

1912年年末的西安，在陈渠珍的记忆中特别的悲凉。不仅因为西原的死，也因为西原的死就像一个戛然而止的音符，将他的生命分割成了两个阶段，从告别西原灵柩的那一刻起，陈渠珍也彻底地告别了过去的自己，从此他不再是那个大清朝的川军管带陈渠珍，随着清朝帝国的坍塌，一个时代的终结，他的将军梦也灰飞烟灭。接下来31岁的陈渠珍将要开始的是怎样一种新的人生呢？

黯然从西安归湘，陈渠珍于1913年1月底回到凤凰沱江镇西门坡的老家，这时候的他一无所有，因为在西藏积聚的那些钱物财宝早就在一路的跋涉中散失掉了，可是他又无比富有，因为西藏之行使他的阅历、思想以及军事上的才能都远远无人能比。打个比方的话，此刻回到湘西的陈渠珍有点像美国大片中退役的特种兵，虽然是一介平民了，但身怀绝技的他迟早有一天会得到用武之地的。

世上其实压根儿就没有怀才不遇的人。有人说，怀才就像女人怀孕一样，肚子大了，想不让别人知道都不行，话糙理不糙。比如说李白觉着自己怀才不遇，其实那是他看自己有问题，认为自己空有济世之才不得见用。历史对他的文才是给予了公正评价的。至于陈渠珍也是如此，一方面尽管他现在是一介布衣，但是金子总会发光的，后来他也成了称霸一方的湘西王。另一方面他自以为是渠沟里的珍宝，自觉怀才不遇，但其实他不能有更大的历史作为，是因为他受到自身思想的局限所致。可惜呢，人们多半看清别人容易，看清自己不易，还常将一切最后都归结于命运。其实命运不是完全偶然的，因果之间有着一些必然的发展逻辑。

陈渠珍是英雄，不愁无用武之地，因为乱世出英雄，此时，正当乱世。

怎么不是乱世呢？辛亥革命后的中国改天换地，一切是新的，一切也是乱的。皇帝没有了，辫子剪掉了。满街都是革命党，掌权的换成了新军阀。但是就好比车子翻新，虽然重新喷了漆，看上去挺新的，但发动机没有变，跑起来还是外甥打灯笼——照旧。

很多人都读过鲁迅先生的小说《阿Q正传》，先生十分了不起，一支笔就将当时的新与乱刻画得淋漓尽致。阿Q这个乡村里被剥夺得一穷二白的小雇农，他对辛亥革命的理解就是可以报仇，抢东西，抢女人，他的想法在农村里是很有代表性的，一般农民哪里知道革命为何物。未庄中的假洋鬼子和赵秀才相对而言是有身份的人，却并不真是拥护革命的人，都是投机分子。

可见一个民族要真正走向现代化，不是一蹴而就的事情，是要经过漫长的文化和思想的转型和普及才能实现的。我们看看偏于一隅的湘西在辛亥革命后有什么变化呢？

光复后的湘西，原先清政府的官员已被赶跑。到"民国"二年，也就是 1913 年，凤凰城里迎来了帝制推翻后民国肇始的第一任湘西镇守使，并兼辰沅道尹，湘西的军事、政治大权都掌握在他的手上。他是谁呢？他就是当年痛殴教官，被开除学籍，远走日本的田应诏。

田应诏在日本求学期间，也加入了同盟会，学成归国后先在四川讲武学堂，后又到驻守南京的新军中任职，可是他并没有为清王朝效忠，而是暗中搞革命活动。在南京的光复战斗中，出自"爬城世家"的他和他父亲一样冲锋在前，为攻下南京雨花台立下大功。可是袁世凯当了大总统后，孙中山领导的南方军队受到排斥被解散，他只好回湖南。好在当时有他妹夫的哥哥关照，靠着这层说远不远、说近不近的裙带关系，湖南督军谭延闿让他当了湘西镇守使，主持湘西军务。

这个妹夫的哥哥是谁，这么大来头，谭延闿都要买他的面子？说起来这是近代对湘西命运影响极大的凤凰人，他就是熊希龄。这个人在近代史上之有名，可以和梁启超、谭嗣同、蔡元培这样的大家比肩而毫不逊色。他幼时就有湖南神童之誉，传说他八九岁便能开笔作文，应对自如。有一次先生命诸学子各自绘画一幅，然后题写相应的诗句。当时有的学生画了牡丹，题上"富贵风流"；有的画了菊花，题上"采菊东篱下，悠然见南山"之句；还有的画了荷花，题上"出淤泥而不染"，诸如此类，多系附庸风雅、俗套之作。唯独熊希龄，默默画了一株棉花。大家看了不以为然，觉得过于平凡，不堪登大雅之堂。谁知熊希龄在画上题了七个大字："此君一出天下暖"，顿时四座皆惊。确实是出语不凡，抱负远大。几十年后，熊希龄从仕为政，兴办实业、慈善和教育，确实是具有棉花的品格，成了一代暖世英才。

却说熊希龄在科举考试中也是高考状元级别的高材生。1891 年他参加本省乡试，竟以第十九名中举，当时给他批阅试卷的阅卷官在卷尾批云："边楚蛮荒，前无古人，才华之高，乃三湘有为之士。"后来熊希龄成为晚清翰林,他主张变法图强,清末湖南时务学堂的创办、南学会的创办、《湘报》的创办都有他的份儿,而且当年戊戌六君子事件,若非他在得到光绪皇帝征召前往北京之前突然严重拉肚子,一拉10多天而推迟了行程,被杀的可能就是七君子了,这真是"塞翁失马焉知非福"。1913年熊希龄当选为中华民国第一任民选总理。所以他是个位高权重、在民国初期极有影响力的大人物。凤凰

熊希龄

是熊希龄的家乡,他自然关心自己家乡的局势变化,希望主政湘西的人是自己人,沾亲带故的田应诏正好是极合适的人选。

堂堂国务总理推荐,自然谭延闿要另眼相看,田应诏也就欣然回湘西主政,说起来那也是一方诸侯了。田应诏受在日本留学的影响,常留一小撮日本仁丹式胡子,所以本地人都叫他"田三胡子"。这位地方官吏,颇有艺术天分,却不太有雄心壮志,依山傍水建立了一座新式公园,纪念他的母亲,然后经常和一群高等幕僚,在那里饮酒赋诗,还在凤凰办了个中级美术学校,因此后来凤凰也出了不少艺术家,像沈从文与黄永玉,多少都受了他在凤凰所作所为的一些影响。

再说田应诏当了湘西镇守使,马上招贤纳才,整军经武,扩大竿军实力。需要说明的是,镇竿军也就是驻守凤凰的竿军原为绿营建制,清末因绿营废弛,全国都有撤营之举,但作为镇竿兵额全数存留,这主要还是为了控制苗疆。民国初绿营已经名存实亡,竿军也就改为了防军,即湘西巡防军,由田应诏统领。要提请读者注意的是,由于民国以来这支地方军队的番号随着政局变化变动频繁,所以本书中主要以竿军来称

第六章 崛起湘西

谓这支有着悠久历史的地方军团。

却说田应诏听说老同学陈渠珍从西藏归湘，立即召见他。故人相见，自然是分外高兴。陈渠珍把自己九死一生的援藏经历一讲，田应诏是又佩服又同情，立即委任他为湘西镇守使署中校参谋。

陈渠珍上任后做的第一件事是什么呢？就是帮助田应诏办了一个湘西军官团。原来田应诏所辖的竿军如今仍然沿袭清朝绿营旧制，已经毫无战斗力。他俩一致认为如果没有一支有战斗力的部队，便无法保障辖地之安全，所以决定将改造绿营，训练出一批得力的军事干部作为第一要务。

湘西军官团很快就在凤凰城隍殿办起来，先后两期，训练了200多名军官骨干，陈渠珍担任了军官团的军事教官。这湘西军官团好比是湘西的黄埔军校，日后陈渠珍的手下得力干将多出自于这个军官团，像戴斗垣、戴季韬、陈斗南、顾家齐、谭自平、陈运燮、熊子霖等都是他的学生。所以日后陈渠珍之所以在湘西根基稳固，无人可代，也得力于他和这些部下之间建立的深厚的师生关系。

陈渠珍接下来是如何一步步走上权力的巅峰，成为湘西王的呢？这中间他又经历了怎样的曲折坎坷呢？

陈渠珍一开始并无军权，只不过是湘西军官团的一名军事教官。我们说过陈渠珍很有才，军事教官不止他一位，可学员们对陈渠珍的讲课最有兴趣。陈渠珍才华出众，既有理论，历代兵家之事如数家珍，又有实践，援藏经历奇险无比，故学生们对他十分钦佩敬爱，都很追捧他。但他早年一直在川藏打拼，在湘西军队中并没有根基和资历。

1914年4月，又发生了一件意外之事。袁世凯的北洋军阀政府突然下令田应诏，命令将陈渠珍逮捕，并解送北京。这飞来横祸是因何事呢？原来还是为了两年前驻藏参赞罗长裿被杀一案。当时罗长裿的儿子控告陈渠珍与钟颖是杀害罗长裿的主谋。闻说此事，大家都觉得此去凶多吉少，劝陈渠珍暂避风头，不要去枉送性命。陈渠珍却毫无惧意，又不愿牵累旁人，自请解至北京，在审讯庭上从容为自己辩护。这时候，湘西人在京城还颇有两个得势之人。一位是当时贵为国务总理的熊希龄，一位正是任过陆军高等军事裁判处裁判长的傅良佐，傅良佐是乾城人，是熊希龄的学生，又在日本陆军士官学校留学时与田应诏同过学。有了这两位的照应，加上陈渠珍的坦荡雄辩，最后定案钟颖为杀害罗长裿的主谋，判处死刑，而陈渠珍得以安然重返凤凰，继续在湘西镇守使署任职。

1915年年底的中国，由于袁世凯复辟帝制，在他准备接受文武百官朝拜的第二天，云南蔡锷即通电各地，组织护国军讨袁，掀起了"护国运动"，南北军即将开战。

这个时候的湘西热闹非常。护国川军和黔军正酝酿北上讨伐袁军。但袁世凯也想借此机会将势力扩张入湖南。湘西这个地方又是北军南下和南军北上的必经之地，北军方面的统帅马继增和护国黔军方面的王文华都是田应诏的老相识，都派代表来争取他的出兵援助。当时，田应诏的动向可以说是举足轻重，对湘西战局起到了决定性的作用。所以作为湘西的军队统帅，他必须尽快作出何去何从的抉择。

第六章 崛起湘西

但对于支持哪一方的问题，部属们意见很不一致。参谋长蒋隆菜就主张参加护国军倒袁独立。作为副参谋长的陈渠珍则按照他一贯的审时度势，觉得这场混战中保全实力、不赔老本才最为重要。虽然倒袁是大势所趋，但陈渠珍认为此时的竿军都是前清时期的旧制绿营兵，没有经过现代军事的训练，武器又差，战斗力很成问题，更重要的是军人们的家属老小都住在凤凰等邻近几县，一旦战败，玉石俱焚，地方生灵涂炭。所以他主张湘西在这场南北混战中暂守中立，只做个打酱油的。对北方通电表示"忠诚不渝",对南方蔡锷则表示暗中支持,而实际上却按兵不动。

这种圆滑而实际的立场果然让竿军受益匪浅。陈渠珍怎么操作呢?他先是以剿匪为名,派两连武装分驻南北军队来往的要塞,密切注视南北动向。然后,当护国黔军进军时,竿军就放开大路,让其过去进攻北军驻守的县城麻阳。等到麻阳被攻陷后,陈渠珍立即命令驻守凤凰麻阳边境的竿军配合护国黔军,乘势掩杀,北军被击溃逃亡,而竿军则截夺北军丢失的枪支弹药,这次战斗北军惨败,师长马继增羞愧自杀。这还不算,田应诏又听陈渠珍的,连续向北京告急,说北军失守是因为兵力分散,首尾不能照应,而如今北军不利,湘西难保,"环顾湘西,焦灼万状"。等到袁世凯急电令他协助剿逆时,又诉苦兵单械少,暗示"如果凤凰再有疏虞,后果不堪设想"。急得袁世凯当即命他的亲信——湖南督军汤芗铭拨给枪千余支,子弹18万发。你说陈渠珍狡猾不狡猾,不过放在用兵之道上,这就不是狡猾了,这叫"谋略",《三国演义》中最津津乐道的。

陈渠珍最瞧不起那些靠武力硬拼的莽夫,在他看来,那是打仗的下下之策。他崇拜的是诸葛亮、戚继光、曾国藩、胡林翼这样的儒将,讲究的是《孙子兵法》、《武侯将苑》中的军事谋略。所以他能在这次南北相争中,空手套白狼,利用北军不熟悉湘西情况的弱点,连蒙带骗,忽悠出真枪实弹来。

田应诏的竿军由此实力大增。陈渠珍自此更加得到器重,田应诏对他几乎是言听计从。在南北军停战之际,陈渠珍向田应诏进一步建议,乘南北军暂时停战之际,认真整训军队,招募新兵,扩充实力。安抚地方,争取民心,加强各地联络,搞好联盟。在陈渠珍的计谋下,田应诏所辖的竿军日渐成为湘西各路人马中战斗力最强的军队。

陈渠珍的才华出众以及田应诏对他的看重很快引来其他竿军军官对他的排斥。像军官训练团的团长滕代春就不待见他，时不时在一旁风言风语讥笑讽刺他。陈渠珍虽然一忍再忍，但终于忍不住爆发了。1916年3月的一天，在讨论关于绿营改造问题的时候，滕代春当着众人的面，讥刺陈渠珍，当个小小的参谋，参什么谋，不过是参是参非，谋衣谋食罢了。言下之意，他只不过是个靠嘴皮子混饭吃的角色。还恶意侮辱他的母亲，说陈渠珍是婊子所生。为什么这么攻击他呢？因为陈渠珍是其父在南川所娶的妾所生，陈渠珍的母亲当初是因为会唱戏被看上的，估计年轻的时候在小小凤凰城还有点名气，居然就成了一些不怀好意的人道听途说的话柄。

是可忍，孰不可忍！这种侮辱谁都受不了，何况陈渠珍这样雄心勃勃的七尺男儿。陈渠珍闻言上前质问，啪啪就是两耳光赏给了滕代春。滕代春也不是吃素的，反应过来马上就掏枪，被大家拦住了。他气得哇哇直叫："陈渠珍，你等着，老子饶不了你！"湘西人说到便会做到，我们不是说湘西人蛮吗。所以陈渠珍不敢怠慢，走为上策，连夜到贵州去避祸，找当年在川军中交好的下属张子青去了。张子青果然够义气，给他引荐了当地的实力派军阀，让他在贵州酉阳谋到了一个税务局长的肥差。可是上任了不久便接到了田应诏发来的急电。急电的内容是什么呢？

第六章　崛起湘西

原来就在陈渠珍出奔贵州之后，政局发生急剧变化。1916年3月，熊希龄回到凤凰，表面上是帮助袁世凯笼络人心，暗中却策动田应诏反袁，这时其他各地人马反袁也十分热烈。4月程潜、林修梅又在湘西靖县宣布湖南护国独立，并派代表来争取田应诏。田应诏没有陈渠珍，总觉得好像失去了左膀右臂。他不如陈渠珍那么有谋略和决断，对时局变化看不透，不知该如何决策。所以急电陈渠珍速回凤凰。

陈渠珍愿意回去吗？当个税务局长那是油水很多的美差，换了谁也不会不要反而回去再受气吧？可是陈渠珍却二话不说，打点行李就奔家乡而去。为什么？他深深知道，湘西才是他能施展宏图抱负的地方，按照现在的说法，他深知，只有在湘西这片土地上他才能找到自己的位置。

这次田应诏再询问陈渠珍意见，陈渠珍却主张与其附和别人倒袁，不如自行宣布独立。田应诏听到这里很不解，问他"玉鋆，前次你主张守中立，是对的，现在却又提出独立，有何依据？"

陈渠珍笑言："珍闻识时务者为俊杰。袁氏叛国，九州共愤，四海欲诛，大势已去。军门拥有雄兵数千，地辖几县，三军用命，百姓同心。况且山区天险，民团骤起，军门讨袁义旗一举，莫不望风来归。天时、地利、人和，三者俱备，再不举事，更待何时？"田应诏边听边点头，决定采纳陈渠珍的意见。紧接着陈渠珍晋升为参谋长。

由此可见，陈渠珍是一个很善于审时度势的人，他对于大局的分析无不深刻中肯，而且他站队并非趋炎附势，一味投机，而是遵循天道人心，故能得军心和民心。显然将他简单理解为一个靠军队和枪杆趁乱而起的豪杰是错误的，他是一个受传统文化影响极深的军人政治家，与他的偶像曾国藩如出一辙，只不过他不可能有曾国藩那样的功业，倒不是因为他才华不及，而是那个时候有"天下"，而此刻已经没有那个大一统的天下，只有军阀割据的乱世争雄。

1916年，湘西桑植县内还发生了一件不能不提的事情。3月16日的晚上，月黑风高，一群好汉居然把境内的芭茅溪盐局给捣毁了。这芭茅溪是个小小的集镇，以北边坡谷遍地盛长一人来高的芭茅草而得名。这里虽只是个弹丸之地，仅住得三户人家，却是湘西通往云贵川鄂几省的边境要道。盐局被几个恶迹昭彰的家伙把持，收税很重，商旅过客苦不堪言。捣毁盐局这样的政府收税机关，那是要杀头的干活。谁这么大的胆子呢？这群汉子为首的人就是日后大名鼎鼎的贺龙（贺文常），他和韦进斋各持菜刀一把，带领乡邻农民共21人捣毁盐局。紧接着3月下旬，他就打出讨袁护国军旗帜，率部队攻入桑植县城，宣言响应蔡锷起义，讨伐袁世凯，并将桑植县城的恶霸朱海珊处决。

乱世出英雄啊，英雄莫论出身。贺龙是从草根崛起的一方豪杰，日后却成为安邦定国的元帅。这日后看起来，虽然贺龙也曾做过陈渠珍的部下，陈渠珍文武兼备，眼界却不如贺龙。

却说1917年，袁世凯终于成为了过去时，他在举国讨袁声浪中忧惧而死。这时因为北京政府执掌实权的国务总理段祺瑞废弃《临时约法》，孙中山在南方以拥护《临时约法》为号召，又发动了战争，这就是通常所说的"护法运动"。

那个时候，南方、北方政府都想结束乱七八糟的局面，但谁也不向对方妥协，不能坐下来和平解决问题，唯一办法只好诉诸武力，可是遭殃的就是黎民百姓了。

却说这时候田应诏在凤凰拥兵数千，实力日益强大，还有陈渠珍这么一批善谋能战的军事骨干，他有点踌躇满志，骨子里的文青气息又冒出来，每日与幕僚们吟诗作赋，喝酒作乐。陈渠珍由此对田应诏颇为不满，甚至有了取代的想法。所幸他的挚友滕凤藻及时点醒他，羽毛未丰，不能操之过急，不如因势利导，多劝田应诏。陈渠珍依言自警。

第六章 崛起湘西

有一日，陈渠珍去见田应诏，田应诏正在兴致勃勃挥毫画兰。陈渠珍先是拍田应诏马屁，说："军门写兰，真是妙笔。叶叶飞舞，生动有姿。秀逸自然，潇洒清新。"田应诏听了很高兴，正好兰花画成了。便要陈渠珍题字。陈渠珍谦让，先请田应诏题，田应诏便仿郑板桥题了两句"此是山中一种花，不求闻达自烟霞"。陈渠珍便对了两句"旭日冉冉东风至，王者之香飘天涯"。

田应诏自然明白陈渠珍这是以物载道，暗有讽谏之意。意思是劝他抓住机会，趁势而起，逐鹿湘西。不久，他就决定参加湘粤桂联军，响应孙中山号召，护法独立。此时竿军下有四个梯团，一个卫队营，陈渠珍任镇守使署参谋长兼第一梯团团长，可见这时陈渠珍在短短4年里，已经跃升为竿军军团中最有权力的中层军官了。陈渠珍从此不再是那个在军官训练团仅仅讲讲课受人嘲讽的教官，而是握有实实在在兵权的军官了。这是他人生中重要的一步，作为一个军人，施展自己的才华必须有兵权。事实证明，一旦带兵之后，陈渠珍的另一面，那种霸气和杀气立时体现出来。

陈渠珍受命后，挥师东下参加护法。他的部队驻扎在常德仙女庙时，正好另一位湘西的护国军司令张学济有一个营驻扎在附近。当时借口有两名委员被地方暗杀，扬言要血洗此镇。当地民众惊惶失措，只得筹集12万元巨款息事宁人。陈渠珍一听，这不是勒索百姓吗，跟土匪有什么区别？心下很是反感。当即派他的一个得意学生顾家齐率部夜袭张营，一举解除了这个营的武装。

这够牛的了吧，陈渠珍是不鸣则已，一鸣惊人啊。从这件事情可以看出陈渠珍是个相当有个性的人，他对于军人的行为有自己的准则。而一旦拥有实力，他务必会变得非常强势，日后的事实证明，他确实是个很强势的人。只是这个时候他的权力道路还只是开了个头。

那么什么时候，机会开始降临到他头上呢？1920年的时候。

1920年主政湖南的督军谭延闿对于主持湘西军政的田应诏很不放心，因为1919年，田应诏拥护程潜而拒绝谭延闿督湘，如今谭延闿上台了，他自然没好果子吃。谭延闿让他保留湘西镇守使的原职，可得把行署机关迁到长沙。这就奇了怪了，明明是管理湘西的机关，可要把牌子挂到长沙。这表明什么呢？表明谭督军对于当初没有支持他的田应诏不信任，让他在自己眼皮子底下待着，实际上要把他给架空了。

　　田应诏会答应吗？田应诏还真答应了。为什么？这第一，他缺乏跟省级大员对抗的实力和魄力；第二呢，他的哥哥、当年凤凰光复起义的头号功臣田应全正好病逝了，这令田应诏意志很消沉，他缺乏斗志了；第三呢，田应诏本身就不是一个喜好争斗的人，他虽然是出生军人世家，自己是个军人，但骨子里根本就是个文艺青年。对于军政界的钩心斗角、残酷倾轧他感到厌烦。所以乐得迁到长沙，让谭督军彻底放心。

　　这一来，也就给了有雄心的陈渠珍以崛起的机会。陈渠珍是如何把握住这个机会的呢？

第六章　崛起湘西

第七章　湘西剿匪

1920年年初，谭延闿任命陈渠珍为湘西巡防军统领，又兼剿匪总指挥，陈渠珍自此开始执掌湘西军政大权。手握重兵之后他采取了一些什么举措来巩固自己的地位，发展竿军实力的呢？民国湘西为何多匪，湘西土匪到底是一群怎样的人呢？陈渠珍又是如何保境息民，成功剿匪的呢？陈渠珍到底是不是土匪呢？

有一句话，机会找的往往都是那些有准备的人。陈渠珍就是这样的人。陈渠珍性格和田应诏完全不同，他稳健、深沉、有大志，面对纷乱的时局他跃跃欲试，又苦于根基太浅，没有机会。他对于田应诏在乱世之中手握兵权却无所作为感到不满，却又缺乏取而代之的实力。这当儿，机会却找上门来。

在权力之争中，湖南督军谭延闿架空了湘西镇守使田应诏，而选择了陈渠珍这个中层军官作为可以信赖的人。为了稳定政局，安定湘西，他将宝押在陈渠珍身上，认为他是绥靖湘西的最佳人选。于是陈渠珍先后被任命为湖南省十三区清乡司令，湘西巡防军统领以及永顺、保靖等10县剿匪总指挥等职务。自此，陈渠珍开始了走上统治湘西的权力道路。

陈渠珍手握重兵之后做了一些什么事情来稳固自己的地位，发展自己的实力呢？他难道只甘心做一个拥兵自重的地方军阀吗？

大家发现没有，陈渠珍被授予的这些职务重在剿匪清乡。那么陈渠珍是怎样剿匪的呢？我们不是说陈渠珍是湘西王，是强人土匪吗？如果他是土匪，为什么还剿匪呢？说到陈渠珍剿匪不能不首先说到湘西土匪的问题。

提到"土匪"，大家并不陌生。这主要的原因恐怕是因为在我们生活中它是一个常常被用来骂人的贬义词。比如，"你这个人简直跟土匪一样"，"这个人匪气十足"，或者干脆就说"你这个土匪！"……好像都见过土匪似的。实际上呢，严格意义上的土匪是对于20世纪民国时期匪盗的专门称呼，这以前的匪盗，是不叫土匪的。

古代官方律法一般称这一类社会人为"寇"、"贼"、"盗"。从这些称呼里就可以看到古代的主流社会对这一类人的认识，是羞辱和贬斥的。但在民间，在小说中，我们也可以看到称匪盗为"强人"、"好汉"、"大王"的。比如在《水浒传》中坐地为王、落草为寇的好汉们，没有一个自称为盗贼匪寇的，他们都当自己是绿林好汉和行侠仗义的侠客。这些人究竟是以什么为生呢？

以"贼"为例，这是贼的象形字：

从金文到小篆，"贼"字都是兵器"戈"下的人抢夺财宝"贝"的图像。这些钱财宝贝本不是劳动所得，而是用"戈"所代表的暴力获得的。不能说他们没有劳动，杀人放火抢东西那也是体力活啊，不过他们没有创造任何劳动价值，而是用刀枪和暴力掠取财物，过的是刀口上舔血的日子。按照现今吴思先生的说法，他们拿的报酬叫"血酬"，用命换来的酬劳。

俗话说："人在江湖漂，哪有不挨刀？"匪盗要在刀光剑影、枪林弹雨下讨生活，属于官府捉拿的重量级罪犯，捉住了往往都被处以极刑。在今天的人看来，这肯定是很不划算的事情。明明是不划算的事情，可是为什么古往今来人们还是会去选择这条不归之路呢？

在《乐府诗集》有一首东汉时代的民歌《东门行》，诗云："出东门，不顾归。来入门，怅欲悲。盎中无斗米储，还视架上无悬衣。拔剑东门去，舍中儿母牵衣啼：'他家但愿富贵，贱妾与君共哺糜！上用苍浪天故，下当用此黄口儿。''今非！咄，行，吾去为迟！白发时下难久居。'"

这是一个约两千年前的男人在准备去当强盗之前和妻子的对话，家里没有吃的，没有穿的，只有嗷嗷待哺的孩子和愁眉不展的老婆。男人拔剑要去当强盗，老婆拦住他，说别人家要富贵，但我愿意和你过喝稀饭的日子，看在老天和孩子的份儿上你别去做那样的事情。男人并不因为老婆的苦苦哀求而回心转意，说我早就该动手了，今天才行动都已经太迟了。

所以，生存是人类最根本的诉求，在任何时代都是如此。土匪的产生就是社会动乱的产物。封建统治者对老百姓们敲骨吸髓的剥削、压迫，逼得这些贫民铤而走险，揭竿斩木，起而反抗。所以对于民生的重视，对于温饱问题的重视是我们党和政府吸取历史教训得出的宝贵经验。

不过呢，匪盗并非湘西乃至中国独有，是古今中外从来就有的，现在索马里的海盗们不是正让各国政府头疼不已吗？当海盗简直成了索马里这个贫穷混乱的非洲国家最让人羡慕的新兴行业。因为他们的收益相对于每天人均只有一美元的消费水平的索马里人来说太具有诱惑力了。

可是从来没有一个时代会像民国时期产生这么多的强人土匪，也从来没有一个时代的土匪敢如此和政府叫板,他们中有的招兵买马,实力壮大,摇身一变,又成了剿匪的正规部队,有的还成了割据一方的军阀,东北王张作霖就是典型绿林出身的大军阀。

为什么民国多匪?因为20世纪的上半个世纪,是政治动荡、战祸连连的乱世,是普通老百姓尤其是农民的生命和生存都难以得到保障的时代。而像湘西这样偏僻落后、相对封闭保守的多山地区,政治经济就更是糟糕得一塌糊涂,百姓的生活苦不堪言。一年到头,不是天灾就是人祸。

那时许多土匪就是战争中溃散的军队,许多军队就是招抚改编的土匪。这些民间的地方武装在反对袁世凯战争时,就加入护国军,在张勋搞复辟时,就自称保皇军,在南北之战时就打出靖国军的牌子。要是谁指望土匪能够立场坚定,坚持原则,忠诚专一,就和希望花心男人一辈子只忠于一个女人一样,是奇思妙想。所以北洋政府的黎元洪总统在一份通电里说:"遣之则兵散为匪,招之则匪聚为兵。"另外,军阀林立的时代,需要大量兵源,收编的土匪武装就是补给兵力的一个重要途径。所以从某种角度说,土匪的存在是军阀执政的必然,乱世之中当土匪是百姓万般无奈的一种出路。当人们觉得干土匪比当农民划得来的时候,便纷纷拖队上山当山大王去了。

湘西在民国时期,匪患极为严重,国民党曾先后四次大规模剿匪,可都是越剿匪越多,越剿匪越强。湘西为何土匪特别多、特别厉害呢?它和本地民风民气还有一定的关系。这是什么样的民风民气呢?

世居湘西的各少数民族,血液中流淌着古代南蛮、九黎、三苗尚武好斗的习性。他们最早开发了湘西,创造了这块土地上最古老的文明,也形成了湘西人彪悍蛮勇的民风。我们常说湖南人最霸蛮,但湖南人中最蛮的,湘西人是当仁不让。

第七章 湘西剿匪

何以见得湘西人的蛮呢？这种蛮和民国湘西强人又有什么关系呢？

1937年国民党将军张治中担任湖南省主席，为了解决土匪问题，他专门于1938年5月花了两个星期的时间出巡湘西，做实地调查。事后发表了一个讲话。里面就讲到在芷江附近有一个乡间，风气十分奇异。12岁的小孩子就佩上一把刀，无论碰到什么事情，动手就是杀。刀子拔出来了不见血是不成的，如果人杀不到，最少也要杀一头猪、一条狗什么的。这有点像古龙的武侠小说里面的侠客啊，刀不出鞘，出鞘就要带血。这当然是一种蛮性的历史遗风。

有人从文化的角度来解释湘西人的这种性格，湘楚文化处于中华文化的边缘地位，苗文化又深受楚巫文化的影响，所以没有受到子曰诗云熏陶的湘西人剽悍、蛮勇，古风犹存。也有人用地理环境的特征来解释湘西人的性格。俗话说，一方山水养一方人嘛。现实中的湘西，地处湘、鄂、川、黔四省交界之处，因其历史地理的原因，直至20世纪二三十年代仍以近乎原始蛮荒的自然风貌呈现于世，河流乱石密布，险滩迭起，恶浪咆哮。群山夹江而立，危峰碍日，怪石狰狞。这样的地理环境固然是观光旅游的绝佳之地，可对于靠天吃饭的农民来说可不是好的生存环境。

恶劣的自然环境养就了湘西人特别能吃苦的精神，但山高水急、地苦雾多的原始地理环境也造成了民风中的另一面，那就是性格上的保守和极端。有个字比蛮字更能形容湘西人的性格，那就是——犟。这是湘西人共同的一个性格特点。一条路走到黑，绝不回头，即使是死路一条，也义无反顾。凡事明哲保身、逆来顺受、委曲求全，绝不是湘西人，当然也就无强人可言了。

这样的民风民气充满了血性和勇气，按照沈从文的说法，有古代游侠的遗风。若是能够被引导向正确的方向，一定能够创造出惊人的社会价值和生产力。但如果在乱世之中，也容易形成巨大的对社会的破坏力量。我们所要讲的湘西匪患就是这种破坏力量的集中体现。

那么究竟如何看待民国湘西土匪的现实起源呢？唐浩明先生说近代湖湘文化的开篇应该从曾国藩说起。我觉得这近代湖湘的土匪史也可以从曾国藩这里说起。

1860年，太平天国起义爆发，镇压太平天国的主要力量——曾国藩一手建立的湘军应运而生。镇压太平天国之后，为了避免清王朝对自己军权在握的疑忌，曾国藩主动裁撤湘军。大批湘军就此被遣散回故里。而这时过惯了戎马征战生活的军人们不愿再从事农耕，为了站稳脚跟，获得生存资源和社会地位，他们纷纷加入或结成各种帮会，以获得庇护。

什么是帮会呢？这是一种民间社会秘密结社组织，它的历史悠久，近代中国三大帮会（青帮、洪门以及袍哥会）在明清时期就已经成型。例如洪门，据说当年郑成功在台湾率将士进行"灭清复明"为主旨的革命，他手下的将士和全台湾的民众差不多都参加了，这就是洪门的来源，而民族英雄郑成功就是洪门的龙头老大。

第七章 湘西剿匪

随着社会动荡，农村经济日益破败，无业和破产的游民越来越多，他们便加入民间会社求得保护和支持。所以自清末以来，湘西帮会横行，成为土匪拉队伍上山的一股潜在力量。到民国时期，乌合之众的土匪吸收了帮会的组织和规则，帮会则借啸聚山林的土匪扩大自己的实力。当时加入土匪的同时就要"入圈"，也就是加入帮会。所以湘西帮会名目很多，洪帮、青帮、哥老会、哥弟会、楚汉宫等五花八门，以至于在土匪队伍里有点身份和资历的人没有入帮会的几乎不可能。同时，湘西竿军的传统培育出了湘西人的尚武精神。但武力的崇拜和滥用，加之社会环境的逐渐恶劣，又极易生匪，滋长匪气。

民国时期湘西匪患之严重几乎成了湖南土匪的代称，为什么这么严重呢？民生艰难是其初衷，而政治动荡则是最大诱因。我们说过，最开始，强盗打劫，那都是用刀啊、棒啊什么的。从什么时候开始湘西土匪从冷兵器时代进入到火器时代的呢？是民国时期北洋军阀政治时代。

湘西作为兵家必争之地，护国、护法运动中南军与北军对垒，这里都是主要战场。例如，前面我们讲到的护国战争时期北洋军第六师马继增在湘西战败，大批士兵溃逃，有近2万枪械沿途被湘西民众截夺，虽然大部分是竿军给拿走了，但还有一部分流散到民间。可以想见，那些枪支成为了当地人横下心来落草为寇的武器保证。

辰州就有这样一个和尚，这位仁兄的为匪之道是先拿香火钱买一支枪，然后就跟佛祖拜拜，自任为营长，拉了几十人上山为匪，在狮子岭一带昼伏夜出，慢慢地他拥有妻妾六房，日子过得那个滋润。乱世之中，正所谓有枪就是草头王。

所以咱们中国对于枪支实行严格管理是非常必要的，中国人传统性格中除了有温良恭俭让的美德，也有匪性的存在。无数渴望改变生活境遇的人，有了枪支，动不动就损人利己，拖枪为匪，这个世界可就乱套了。

由前面我们讲到的湘西民风之剽悍，乱世湘西民生之多艰，湘西土匪之社会成因，我们可以得出这样一个结论，就是土匪也好，强人也好，它是社会动荡、民生艰苦的产物。我们无须把土匪看成是一种特别和神秘的人群。他们既不是人见人爱的天使，也不是吃人不吐骨头的魔鬼，他们也是人，是一群没有更好生活方式可以选择的人，并非生下来就注定是强盗。

知道了湘西土匪的形成原因。我们就可以明白陈渠珍为什么剿匪能成功了。陈渠珍崛起的原因之根本是他的军事才华，其中就包括他的剿匪才能。陈渠珍剿匪，并非对土匪一概杀之，而是剿抚并用，区别对待。在他看来，土匪也都是湘西人，是被穷困所逼，都杀了他们，家里的孤儿寡母也就失去了依靠，故除了十恶不赦、民愤极大的个别小股土匪，他是能收编就收编，不赞成一律剿杀。

而招安的土匪武装也成为他军队壮大的重要兵源，他收编招安土匪壮大了自己的实力，自然就有了"纵匪"之嫌。有人担心招抚重用土匪恐怕有所不妥，会影响部队的战斗力。他不以为然地说，有人有世界，无人江山败，何况人非圣贤，孰能无过，过而能改，善莫大焉。我是韩信用兵，多多益善。不过他在土匪出身的这些湘西军人们心中确实有着绝对的权威，这些彪悍勇猛的强人天不怕地不怕，却唯独俯首听命于陈渠珍，这是人们称他为湘西王的原因之一，也是他被视为"匪王"受人诟病的原因。

值得注意的是，陈渠珍并非招安了便了事，他为了让土匪能改过自新，转而成为真正的军人，摸索出了一条值得后人为政治军时借鉴的路。这就是他的"军人良心论"的军事教育思想，这在后面我们再来讲。我先来讲两个关于陈渠珍剿匪的故事。

第七章 湘西剿匪

当时龙山县土匪极为猖獗，著名的土匪武装有好几拨。打家劫舍，杀人放火，民众一夕数惊，寝食难安。于是陈渠珍派包轸率部去龙山剿匪。这包轸毕业于湖南武备学堂，既是陈渠珍的同窗又是他的下属，关系非同一般。去之前，陈渠珍嘱咐他到龙山后要与县长合作，特别抓住刘紫梁这个匪首，因为这个人打仗勇敢，讲义气，作用很大。于是包轸到了龙山县后依计召见刘紫梁。但刘紫梁认为陈渠珍摆的是鸿门宴，不肯应召前往。

于是包轸身着长衫，也不带任何人马枪支，翩然登门亲自拜访，对刘紫梁抚慰再三，转达陈渠珍对他的殷切希望和惜重之意。刘紫梁真是条汉子，他深受感动之余，不仅不当土匪的干活了，转而马上与包钤合作，将龙山的其他土匪武装剿得干干净净。这就是湘西强人的故事，像极了梁山好汉的作为，他们重义气不惜命的一面确实是很有血性的。

另外古丈大土匪田少卿手下有股土匪活动于河蓬一带，匪首是舒安卿。这舒安卿曾在陈渠珍所部当过兵，作战骁勇忠诚，陈渠珍本想提拔他为排长，但后来因故改变了主意没有提拔他。过后得知舒安卿去当了土匪，陈渠珍叹息道："橘生于淮南则为桔，生于淮北则为枳，舒安卿跑回去当了土匪，这和我当时忽视对他的任用有关系。"于是专门亲笔写信给舒安卿，令舒安卿感愧不已，于是设法摆脱田少卿的控制，主动维持地方治安，协助剿匪。陈渠珍看他痛改前非，又有立功表现，便收编他升为营长。这舒安卿后来在嘉善战役中立下大功，由一个土匪最后成为国民党的少将，你说传不传奇！

可见以陈渠珍的文才武略，对付土匪确实是小菜一碟。他甚至不用亲自出马剿匪，1920 年，一听说他出任剿匪总指挥，那些地方土匪马上有所收敛，而有的罪行累累的，赶紧四散逃匿，为什么？倒不是怕干仗，而是怕陈渠珍的威名。永顺的向子云，龙山的刘紫梁，大庸的周朝武，花垣的田义卿，古丈的舒安卿等，这都是当地有名的带头大哥。被陈渠珍招抚后，仍然驻扎原地，维持治安。想想这些平时比自己神气多了的大哥们都毕恭毕敬听命于陈渠珍，自己还有什么混头，赶快人间蒸发了吧。所以陈渠珍剿匪很厉害，并且在剿匪过程中，队伍在不断壮大。他真正成了统领湘西各路土匪的"湘西王"。

这里我们还需解答一个问题，陈渠珍到底算不算土匪？我认为，陈渠珍是靠土匪队伍起家壮大的，他的本钱就是土匪队伍。如果没有土匪队伍，他在政治、军事上将毫无作为，一文不值。但他并不能算土匪。为什么呢？

所谓土匪，是不合法的武装，且用武装和暴力目的是打家劫舍，损害群众生命财产。但陈渠珍所辖竿军是被中央政府一直认可的合法的地方军团，而且竿军的目的还是保一方平安的。且他收编招安土匪后，采用军事教育的方法力图让这些土匪从思想到行动转化为一个合格的军人。这种军事教育非常成功，这在我们开篇提到的抗日嘉善战役中得到证明。

所以陈渠珍本人并非事实上的土匪，如果说他是土匪，那么给他各种封号的更大的军阀本身也是土匪，这样一来就泛匪化了，经不起推敲。他确实是军阀，但不是没成气候的不具有合法性的土匪。

若说他是匪呢，那主要是出于政治上的原因，正如蒋介石当年称共产党为赤匪，共产党称蒋介石为蒋匪一样。因为1927年马日事变后，迫于省府何键以及国民党中央政府的压力，陈渠珍曾命令顾家齐剿杀过地方上的共产党分子，这是他的历史污点。当时他倒并没有对共产党特别仇恨，以他的政治保守主义立场看来，国民党也好，共产党也好，土匪也好，都是一样的，人不犯我我不犯人，他不信什么主义，一切以是否合乎自身利益为行动标准。这当然是他政治保守、思想落后的体现。但若以他后来和平起义迎接解放的功劳来算，他救的人远比他杀的人多。

除了剿抚各路为害地方的土匪武装，陈渠珍也收服了不少英雄好汉。1921年，他收编了被鄂西神兵击溃的张学济旧部，其中就有大名鼎鼎的湘西苗王——龙云飞，此人骁勇善战，这时还只是个营长，中年时却剥皮杀人，手段十分残忍。但抗日战场上又是一条不怕死的好汉，唱着京剧喝着酒，率领竿军打日寇。这样的强人，在陈渠珍面前可是言听计从，一点气焰都没有，老虎变成了大猫，你说，陈渠珍厉不厉害？

1920年陈渠珍收编常澧靖国军中战斗力最强的贺龙梯团更绝，是凭

第七章　湘西剿匪

借武力作为后盾,打出"湘西人不打湘西人"的口号,不战而胜,轻而易举地收编了贺龙梯团。这应该是打仗的最高境界了,"不战而屈人之兵",不费一枪,不伤一人,却以攻心之术收服敌人。

所以贺龙其实曾经做过陈渠珍的部下,当过湘西巡防军剿匪第二支队的司令。他们之间在以后的岁月里还有相当的渊源,只不过有时是刀枪相见的敌人,有时候又是利益相同的盟友。

在这一时期,竿军最鼎盛时达到了25000人,实力之雄厚,即使是省级大军阀也不敢小觑。可是陈渠珍到底野心有多大呢?军阀本来是天下乌鸦一般黑,那么陈渠珍与其他的军阀难道有什么不同吗?他为什么偏要做只白乌鸦呢?他发展壮大竿军的目的是什么呢?

第八章 "大同"之梦

1921年湘西王陈渠珍将部队移驻保靖,整肃军队,收编土匪,实行地方自治,湘西竿军与地方上面貌都焕然一新。"当时弦歌之声,遍及苗乡",湘西出现了辛亥革命后的最好局面。陈渠珍是如何治理湘西,实现他的为政理想的呢?

保靖的"天开文运"摩崖石刻

注:天开文运是保靖最独特的风景。1921年陈渠珍移驻保靖,统领湘西,沈从文在此成为其秘书。

陈渠珍虽然当了湘西统领,开始执掌湘西军政大权,却并没有逐鹿中原争霸天下的野心。他要做的,只有四个字:"保境安民",也就是说以湘西为本位，保障一地之安全与发展。为此，他倾心于搞湘西自治。他是如何在乱世之中保住湘西的一方安定，又是怎么来实现自己的大同理想的呢？

陈渠珍曾在晚年的《自传》中说："早年读书很醉心于'礼运大同'，希望这种政治能够实现，人民可以得到真正的幸福。"

在中国近代史上，《礼记·礼运篇》的"大同理想"成为激励中国仁人志士反抗外来侵略和本国衰朽而又暴虐的统治，谋求民族的独立、自由和解放，探寻社会前进发展道路的精神动力之一。

什么是"礼运大同"之梦呢？

大道之行也，天下为公。选贤与能，讲信修睦。故人不独亲其亲，不独子其子。使老有所终，壮有所用，幼有所长，矜寡孤独废疾者皆有所养。（《礼记·礼运篇》）

大同社会是最理想的社会，没有你争我斗，尔虞我诈，没有盗贼作乱，没有食品安全问题，没有躲猫猫事件，道不拾遗夜不闭户，这是一个传统农业社会的乌托邦梦想。作为一个历史转型期的军人兼士人，陈渠珍同样受到这个理想的吸引，梦想在自己管辖的湘西地区实验这样的大同世界。

所以与同时代的其他军阀相比陈渠珍最了不起的地方就是，无论对社会还是对人心，他有一种全方位的重造雄心，这是基于中国近代转型背景的了不起的尝试。身处乱世，内忧外患，想保一方百姓平安，已经不易，还想把湘西建设成大同世界，无疑需要有愚公移山的勇气。可是陈渠珍却踌躇满志要实现这个"大同梦"。

他的同僚和下属，这群湘西青年军官们也唯马首是瞻：你谋划吧，就算是做梦我们也陪你到梦醒！这就是湘西人的情义。这种湘西人精神一旦走入正途，就会爆发出惊人的能量，作出世人瞩目的成绩。试想如果陈渠珍的自治理想得不到一众下属和民众的支持，他也是孤掌难鸣，难以成事。所以沈从文讲到当年他在保靖所亲身感受到的那种新气象：

一般高级军官，生活皆十分拮据，吃粗粝的饭，过简陋的日子，然而极有朝气，全不与我三年前所见的军队相像。一切皆得那个精力弥满的统领官以身作则，擘画一切，调度一切，使各人能够在职务上尽力，不消沉也不堕落……

当时的湘西保靖气象一新，朝气蓬勃，焕发出一种前所未有的生机。

其实湘西地方自治运动的兴起并非陈渠珍的首创发明，这也是受到当时湖南大环境的政治气候的影响。由于不断的内战蹂躏让湖南人民深受痛苦，20世纪20年代湖南省的武人政权为在南北军阀势力中求得自身政治的合法性，结束这种靠武力解决争端，没有法律可依据的混乱局面，于是致力于联省自治。先是由谭延闿政权于1920年7月22日发表关于湘省自治的通电，当时为全国所瞩目。1921年谭、赵之争，具有军事实力的赵恒惕胜出，更进一步表示推动湖南自治的决心，并坚持了近5年，推出了省立宪法。

1920—1926年湖南省的立宪自治运动，是在特殊历史条件下，各方面力量共同作用进行的第一次政治创新，虽然这种自治的基础是军阀的武力割据，是否真体现了民众利益非常值得怀疑，但它体现了向传统政治彻底告别的决心，促使湖南省的民众开始接受近代以来的新思想、新观念，是具有历史进步性的。

省一级政权在自治运动上不遗余力的推动显然对于偏于一隅做着大同理想之梦的陈渠珍有所启发。要实现大同理想，用古人的那一套方法

第八章 『大同』之梦

当然是刻舟求剑，陈渠珍对此还是颇为清醒，他努力想做到与时俱进，接下来的问题是：湘西要怎么治理，才能使这块被历代中央政府视为蛮荒之地，而在民国又不断被踩躏为战场的土地获得生存与发展呢？这个问题让湘西王颇费思量。

这时阎锡山在山西以保境息民为宗旨，专心致力于本省自治，各项事业蒸蒸日上，获得"模范省"的称号。陈渠珍对此极有兴趣，于是当下立即派考察团去山西考察阎锡山治理山西的办法。听取了考察汇报后，他认为阎锡山的自治虽然不错，但不全面，按照他自己的经验，认为阎锡山虽然注意到了地方管理和振兴实业，但兴学设教还不如当年进行川边改革的封疆大吏赵尔丰，慈善事业方面也有所不足。所以陈渠珍决定取众之长，成"湘西完美之自治"，关起门来进行他的政治乌托邦试验。

他先是聘请著名学者梁漱溟来帮助草拟地方自治条例。1922年10月，湘西巡防军统领部连颁训令，开始实行十县乡自治。陈渠珍发表了长篇演说，讲到湘西为什么要实行自治的问题，他指出"军阀们结欢帝国主义以求自固，我则行自治以求自强"，只有"保境息民，厉行自治"才能"臻我湘西于康乐"。

《湘西十县乡自治条例》申言是为了"实行三民主义"、"增进人民福利"而制定的。机构设置上，主要是以乡为单位，设乡自治公所和乡议会。这两个机构是干什么的呢？乡自治公所是行政机关，有点类似乡政府，设立乡长。乡议会呢，属监督机关，也是乡民提出议案、表达诉求、行使权利与义务的地方，并且成员由乡民选举产生。既有行政机关，又有监督机关，还有乡民表达诉求的地方，听起来确实很不错。

这一整套自治条例正是陈渠珍力图治理湘西的意志表现，这并不是说说而已，为了化除军队方面的阻力，他专门召开军官会议，提倡"民治精神"。他强调说:"从来武力不足恃,秦始皇武功盖世,不二世而亡;楚项羽百战百胜,亦自刎而死……混战多年的湘西今已平定,为政之道,以教化为大……目前必须偃武修文,与民休息,渐民以仁,摩民以谊,节民以礼……我认为办乡自治、设学校时当务之急,希望一心一德,共襄盛举。"

从中我们可以看到陈渠珍根本上还是以传统的"礼"与"仁"来治军为政,虽然他努力让湘西建设与近代接轨,愿意接受先进的制度与技术,但始终不放弃传统文化精神。

对此军官中大多数都表示赞同,也有少数缄口不语。统带田义卿就说风凉话:"统领常说强邻近逼,宜固藩篱。现在把房子砖墙板壁都拆掉,忙在房内摆花挂字,以后会有戏看。"此话后来果然应验。但急于求成的陈渠珍却认为田义卿是故意和自己唱对台戏,说"所谓以后会有戏看,戏就在他身上",此话却也应验了。这是后话了。

却说陈渠珍在推行乡自治的同时,开展对湘西的建设,努力与近代化接轨,主要分教育、实业、团防、慈善四项制定了自治方案,内容详细完备。

陈渠珍非常重视经济和实业,为什么呢?

他认识到帝国主义对于中国的经济压迫和剥削导致了农村的凋敝与破产,继而才使老百姓被逼为匪。倘若振兴农工商矿各业,使"民无游闲,地无弃材,经济不受压迫,生活不感困苦,地方盗匪也就自然绝迹了"。他能认识到百姓为匪与经济的关系还得益于当年的入藏经历。

因为陈渠珍入藏时,有件事情对他很有触动。他在工布驻防的时候,喇嘛和当地居民都反映波密这个地方的藏民特别残暴凶狠,而且经常来工布抢劫掳掠。陈渠珍于是深入调查,发现波密这个地方是山重山、岭叠岭的大山区,出产的东西很少,老百姓既贫且苦,性情自然就

强横凶暴。而这里的部落首领又只知大肆搜刮民财，并不想百姓的活路，在这样的环境逼迫下，为了活下去，便有一些人出来抢劫，这是一个必然的道理，湘西不也是这样的吗？

所以从自身统治和湘西发展的角度出发，陈渠珍认识到不能一味封闭保守，坐以待毙，而应努力振兴教育、实业，加快边地乡村与近代化的接轨。

陈渠珍在自治方案中，充分体现了对于湘西地域的了解，因地制宜地想了许多发展地方经济的方法，具有很强的科学合理性。例如实业案说明书的第十一条：

湘西号为山地，这是众人公认的。在这十县当中，更为山地的主要部分。重峦叠嶂，交通因以不便。工业上的知识，因以拙劣。却是工业品的原料实系不少。这种天然出产品，如桐油、牛皮、竹木、漆靛、碱麻、通草、贝子等类，算是十县出品的大宗。我们必须分类调查的。至于原料与制造品的关系，就是有如许好材料，却不可仅将生货出卖，须要设法制成熟货才好。

他认为湘西山多田少，所以他大力提倡发展桑、麻、桐、茶等林业作物。当时几年工夫，湘西十县境内，田坎路边都种满油茶、油桐，家家户户都栽桑种麻，养蚕织布，老百姓日子好过多了。

自治方案还相当重视调查工作，成立农业试验场，建议调查各省农工商状况。建议组织农工商联合会，进行团体互助。这些举措和设想都打破了传统小农经济的思维框架，努力适应近代社会的商品经济特征，其思路即便在今天的湘西地域经济问题上都值得借鉴。

另外，陈渠珍知道如果要让乡民有自治精神，首先要开启民智，所以注重大力发展现代教育。20世纪20年代初期的湘西，当时教育状况是"湘西各县,不单小学寥寥无几,且不完善。就论识字的人,比较起来还不到百分之一二"。陈渠珍很重视教育,说"他人以枪支争权夺利,扩张势力,鄙人则以枪支整顿教育,振兴实业,尽心桑梓义务,以此收束身心,解诸烦恼"。

1924年,湘西巡防军统领部通令各县推行"义务教育讲程",又在保靖县城开办湘西茶叶讲习所和乡政讲习所。陈渠珍甚至还接受现代教育的理念,创办各县的幼稚园,认为"幼稚园是初等教育的基础,关系是很重大的。东西文明各国,无不注意及此"。且要创办幼稚园,先要设保姆养成所,"以储师资"。

不仅如此,自治方案中还设立让平民在工作劳动之余能够吸收少许知识的夜校,使社会和学校没有隔膜。如果不让子女上学的,还实行强迫教育,勒令送子弟入学,大概类似搞义务教育。还主张女子教育,以培育女子健全人格,练习艺术,增进知识,使她们有独立之生活为宗旨。各县还建设图书馆,成立讲演部和编辑部。用讲演和浅显易懂的报纸开启民智。还建议举办露天学校,让中年失学的人和贫寒子弟能接受教育。再穷不能穷教育,在民国湘西这个闭塞保守的古老地区,湘西王为一方热土所作的如此真诚的努力不能不让人感动。

为促进乡治的实现与实施,陈渠珍还筹备了一个定期刊物,置办了一部大印报机,设立了一个报馆。这报馆首先印行的当然是《乡治条例》与各种规程。负责将陈渠珍的训令交给报社,一起和工人排字的是陈渠珍的机要秘书,这个秘书的名字叫沈从文。日后写了一篇闻名世界的关于湘西的小说《边城》。

沈从文由一个竿军小兵而后成为闻名世界的大作家,也是凤凰人津津乐道的一个传奇。

1902年,湘西凤凰城里沈家有个男孩呱呱坠地,这男孩本来生的圆

第八章 『大同』之梦

头大耳，胖乎乎的，6岁时害过一场病后，就变成了小猴儿精。人也异常机灵聪明，就是不爱读书，常常逃学，但又天赋极高，老师指定要背的课文，他看两遍，既能当堂背出。这个极不认真读书的小猴儿精绝想不到后来自己居然能写出极好的文章成为课堂里学生们学习的课文。男孩不爱读课本小书，却爱读"生活"这本大书，对身边一切生活均极其留心，得到许多对于家乡山水风物的深刻印象，为他后来成为作家奠定了基础。

因他的顽皮，家人觉得读书无望，也是考虑到生计问题，便在他15岁左右让他投身军营，其实沈从文的祖父沈宏富是当年与田兴恕一起冲锋陷阵的竿军将领，后来也做到了贵州提督。沈家也是当地大族，与熊家、田家都有姻亲关系，但在沈从文父亲这里家道开始中落。

沈从文年纪小小便到湘西的地方军阀部队里当了一个小兵。那是1917年，沈从文15岁。此时的湘西群雄争霸，除了势力最雄厚的田应诏所属湘西靖国联军第一军，还有好几路人马。而沈从文最开始是在当时湘西另一支实力仅弱于田应诏的军队——靖国军第二军张学济的部队里混，后来张学济被"鄂西神兵"围困身死，全军覆没。幸亏沈从文因为年龄太小，被命令待在后方留守，反而得以大难不死，部队没了，他就打了一段时间的流（打流：方言。犹流浪），1922年辗转来到保靖。这时候湘西军阀混战的局面基本结束，陈渠珍成为了湘西的最高统治者，集军政大权于一身，此时统领巡防军驻守保靖。沈从文感到这时的军队和三年前的部队相比完全变了，军人们极富有朝气，走路都是昂首挺胸，生活虽然朴素但士气高昂。自然，这都得力于能以身作则、颇有政治理想的统领官陈渠珍。

沈从文因字写得好，被陈渠珍留在身边，成了统领部的机要秘书，从而与湘西王陈渠珍有了一段历史的交集。可是陈渠珍并没有让沈从文去帮他办理革新方面的事情，让他干些什么呢？

陈渠珍是个具有士人色彩的传统军人政治家，他一方面行军打仗，另一方面却喜欢谈玄说理，读书不辍。在陈渠珍的会议室里有四五个大楠木橱柜，里面大约有百来轴自宋及明清的旧画，与几十件铜器及古瓷器，还有十来箱书籍和一大批碑帖，还有一部《四部丛刊》。沈从文的职责就是为他清理藏书古董，分门别类编制目录。

在保靖做陈渠珍文书时的沈从文觉得带了这么多书行军的长官实在罕见，更何况"每个日子治学的时间，似乎便同治事的时间相等，每遇取书或抄录书中某一段时，必令我去替他作好。那些书籍既各得安置在一个固定地方，书籍外边又必须作一识别，故二十四个书籍的表面，书籍的秩序，全由我去安排"。

没事可做的时候，沈从文就把那些旧画一轴一轴拿出来，挂到墙上独自鉴赏玩味，或者翻看《西清古鉴》、《薛氏彝器钟鼎款识》这一类书，努力从文字的形体上认识古董的名称价值。很偶然的，陈渠珍的古董老书旧字画就成了沈从文进入传统艺术殿堂的铺路之石。沈从文以一种十分特殊的方式，接受了传统文化的广泛熏陶，新中国成立后他转而从事文物研究，就是得益于这时打下的基础。对此他对统领官陈渠珍一直心存感激。

第八章 "大同"之梦

由于这点初步知识，使一个以鉴赏人类生活与自然现象为生的乡下人，进而对于人类智慧光辉的领会，发生了极宽泛而深切的兴味。若说这是个人的幸运，这点幸运是不得不感谢那个统领官的。（《学历史的地方》）

这是一种非常奇特的无法解释的缘分。如果陈渠珍没有驻防到保靖，沈从文也许没有机会为陈渠珍清理古董字画；如果沈从文没有做陈渠珍的秘书，也没有机会在长长的寂寞的时间里用这些古董字画打发时间，也就不能形成对传统文化的认识和兴趣。仿佛冥冥中自有安排，让他们相遇，让陈渠珍以这样一种自己完全无意识的方式影响到沈从文，为湘西文化作出贡献，说起来，沈从文的传世之作《边城》也有陈渠珍的一份功劳啊。

后来沈从文又被派到报社，与一位深受五四运动影响的进步印刷工人赵龟武共事。因为受到地方新气象的鼓舞，在报馆中又得以从报纸和新书卜得到关于陌生世界的新知识，沈从文才有了向新世界探寻新生活的渴望与勇气。他开始认识到"人活到社会里，应当为现在的别人去设想，为未来的人类去设想，应当如何去思索生活，且应当如何去为大多数人牺牲，为自己一点点理想受苦，不能随便马虎过日子，不能委屈过日子"。他要改变自己的生活！

在他忐忑不安地说出自己去北京读书的打算时，陈渠珍表现得非常开明。给沈从文支了三个月的薪水，临走时还对他说："你到那儿去看看，能进什么学校，一年两年可以毕业，这里给你寄钱来。情形不合，你想回来，这里仍然有你吃饭的地方。"

只是沈从文离开保靖后不久，陈渠珍因1925年的战乱陷入了政治、财政方面的困境，之后就没能实际资助沈从文了。然而，这所有的一切在沈从文的整个人生中得以铭刻。

因此，同为苗瑶等少数民族聚集地区的其他西南边地不能出现像沈从文这

沈从文离开湘西前

样杰出的地缘文学作家并对自身地域文化进行深刻的审思,并非仅仅是偶然,实与民国时期湘西的政治文化的特殊性有关,可以说没有陈渠珍,也许现代文学史上也没有沈从文这个名字。陈渠珍在历史的不经意间成就了一个现代伟大的作家。

陈渠珍对湘西治理的成功还体现在他处理汉苗民族关系上。当年在川边赵尔丰对藏人的政策想必让陈渠珍受益匪浅。在他看来,濡化民风、开启民智、发展民生才是最重要的边地为政之道。

陈渠珍很注意搞民族团结,争取苗民的支持,牢笼苗族的上层人物,同时实行税收的丰年多收,荒年少收,获得贫苦苗民的支持。教育上,他对苗汉百姓一视同仁,"资送苗、汉子弟出外升学。在苗乡中每乡设小学六所;凡适龄儿童,劝令就学,违者罪其父兄"。

他还组建了一个黑旗大队,这个大队是一个负责警卫的部队,全部是苗族人组成,可见陈渠珍在苗族人心目中的地位。

当时作为湘西中心的保靖,在陈渠珍的湘西地方自治的建设下,"成了和平繁华的同义语","保靖当时是湘西最现代化的城市,位于沅州、辰州之上,保靖办的师范讲习所、模范中学、职业女子学校可同长沙媲美"。当时的湘西被誉为"弦歌之声,遍及苗乡"。

然而,我们也要看到陈渠珍湘西自治的局限性。

比如说,陈渠珍什么都建设,唯一不修路。人家说,要致富,先修路,陈渠珍很清楚,没有铁路和公路,中央军和省军就开不进来,不能用武力解决他,他就可以稳当湘西王。这种封闭而保守的建设模式自然从根本上发展不了湘西。

更为吊诡的是,为了这一个民生之梦,陈渠珍还不得不做损害民生的事情。

1932年,龙山县的小学教师田镜开,被杀害在龙山县城西门外。为

第八章 『大同』之梦

什么呢？因为他揭露了陈渠珍强行卖掉龙山县的学田学谷来充作军饷一事，学田学谷是专门拨给地方教育事业的资产，而被侵占作为军饷，揭发的老师还被杀害，可见陈渠珍为了养兵也不惜做有违天理的事情。

陈渠珍并不喜欢用兵，他经常喜欢说的一句话就是，我们穷啊，打不起仗。虽然他是靠枪杆子起家，但深知用兵对黎民百姓的危害。但他又深知军人若无枪弹，则如商人无资本一样，是无以立足的，所以他又必须养兵扩充实力。队伍大起来，士兵们要吃饭，打仗也要有动力。随着队伍的扩大，首领的施恩能力必须增大，不然部下就没有战斗力和凝聚力呀。但军费从何而来呢？

首先要肯定的是，陈渠珍做了很多发展湘西经济的惠民实事，譬如开垦荒地。陈渠珍将那些打流的游民组织起来去开荒，发给他们生产用具，除交一部分补偿公家的开垦费外，其余的都归自己。这样一举数得，利于经济发展，也解决了这些游民的生活困难，不至于上山去当土匪。为了节约财政开支，又不与民争食，陈渠珍解决军队给养的办法还有组织部队开垦屯田，是湘西版的"自力更生，丰衣足食"。

但这些都不是能马上发生效用来解决军费问题的急就章，其实真正让民国地方军阀生存壮大的法宝是鸦片。在那个时候，不当土匪军阀，不知道鸦片对于部队的重要性。很多地方武装的首领都是双枪司令，左手拿手枪，右手则拿鸦片枪。需要说明的是，有些匪首抽鸦片，并非仅仅为了享受，因为鸦片对于治疗伤痛很有效，带兵打仗的哪个身上又没有个伤痛呢。鸦片还有重要用途，就是可以买枪，枪杆子是军阀的命根子啊，并且鸦片贵如黄金，可以用来收买官府和其他军队。

所以陈渠珍自己说，种鸦片是不对的，但历来带兵的人，没有一个不是靠种烟收税作为军费的重要开支，我们也要大种几年鸦片，等到日子好过了再来禁种鸦片。这么着，民国湘西开满了罂粟花，老百姓被逼着种烟，不种的要被派以"懒税"，这对地方来说贻害深远。

还有就是税收，人家运个萝卜白菜的，你收不了重税，税重了，大不了人家不要这车萝卜自己跑了。最好抽的是鸦片税，鸦片贵，税自然也重。当时云贵鸦片全国有名，但运往内地的交通要道则必须从湘西过，所以地方权力者对于贩运鸦片抽取的税款利润惊人。陈渠珍将十县原有的税卡全部裁并，统一税收，针对来往的云南贵州烟帮课以重税。这是一笔很大的收入，为陈渠珍扩张竿军军事实力打下了雄厚的经济基础。

甚至1931年，陈渠珍还与湖南省主席何键达成默契，合伙办了一个制作毒品的吗啡厂。为了鸦片贩运的收税权又在1934年与黔军军阀王家烈打了一场穷兵黩武的"鸦片战争"。

这就是陈渠珍所苦心经营的"大同"之梦的真相，一个桃花源的美好理想却是从罂粟花上开始着手实现，这是多么大的讽刺和悖论！梦是美的，却无法真正落实到现实之中。但总的说来，陈渠珍以竿军的武力为后盾，在湘西确实筑成了近代社会的母体，发展了地方经济和教育，更将五四新文化运动的新思想和新观念导入湘西。可是好景不长，1925—1926年，两次战乱就无情地将他的"礼运大同"之梦击得七零八落，让他的自治成果，那些机关、工厂、学校全被付之一炬，灰飞烟灭，自己也不得不引咎下野。现实中究竟发生了什么事情，使他建设湘西的理想受挫呢？

第八章 『大同』之梦

第九章 反目成仇

大约1600年前的晋、宋交替之际,社会黑暗,民不聊生。大诗人陶渊明写了一篇《桃花源记》,今天的湖南桃源县,民国时期属于大湘西地区。陈渠珍一心一意要把湘西建设成那样一个民风淳厚、安乐自足的桃源世界。然而紧接而来的战乱无情地击碎了他温暖的梦想,而且令他第一次引咎下野。现实当中到底发生了什么事呢?

陈渠珍成为一方诸侯之后,醉心于搞湘西自治,想把湘西做大做强,于是办教育、搞实业,搞得热火朝天。连那小兵沈从文也心动了,从湘西大山里走出来,日后成为享誉世界的文学大师。这些都说明陈渠珍具有开拓意识和前瞻性的眼光。按说,这些事情都是造福于湘西人的好事,湘西照着他的思路发展下去说不定成为一个真正的世外桃源呢。东晋大诗人陶渊明在他的文章《桃花源记》里面想象了一个与世隔绝,在山水之间不为人知的世外桃源,那里人们种田采桑,各得其所,怡然自乐,生活安乐自足,那是所有乱世中人们最美的梦想,也是陈渠珍的梦想。

问题是,世界上没有世外桃源,没有一片可以完全和外界隔绝的净土。在时局动荡、兵荒马乱的年代,即便是偏安一隅,麻烦找也会找上门来的。

1925年,川军军阀熊克武、汤子模组织建国联军,响应孙中山北伐的号召。可是正当建国川军途经湘西北上时，孙先生却于1925年3月不幸病逝，这下子，群龙无首，北伐暂停，数万滞留于湘西境内的川军去向成了大问题。湖南省长赵恒惕要求川军撤出境内。熊克武、汤子模决定收兵返粤。

可是别指望这些军阀时代的军队像八路军一样纪律严明，要知道那个时代，老百姓怕军队有胜于土匪。为什么呢？土匪掠抢，毕竟还讲些规则，并且往往不斩草除根、涸泽而渔，留着种地的人也好种出粮食来下次再抢。军队是流动的，这些军队正如蝗虫，吃完了一个地方再吃另一个地方，不用管后果。所以军队有时候比土匪还要令百姓头疼。

果然，过境的川军一路不干好事，经过泸溪县城，就打开监狱，放出100多名囚犯，估计把这些囚犯给乐坏了。经过古丈，就一路沿途滋扰抢掠。并且开始攻打陈渠珍的竿军驻守部队，想占领保靖、永绥等城池，获取更大利益。

前面说了，陈渠珍认为武力不足恃，在湘西大搞精神和物质文明建设，结果疏于军事。面对川军如蝗虫过境的大部队，湘西巡防军在短时间内难以集中，陈渠珍只好从保靖撤退，统领部付之一炬。可是后有追兵，前面居然还有人堵截，这真是狼狈万分，估计陈渠珍打了这么多年仗，还没有这么窝囊过。这是谁的部队呢？

第九章 反目成仇

这支敢堵截陈渠珍的部队正是对陈渠珍搞自治不满的田义卿所辖部队。这也是一个很有名的湘西强人，在沈从文的大作中都提到过这个强人的故事。他和陈渠珍从上下级关系到刀枪相见，这期间说起来又是一段复杂的故事。

田义卿曾经是陈渠珍手下的得力干将。说起他的经历，是一个典型的流氓变大亨的例子。

田义卿出身贫寒，诨名叫苗子。他从来没有读过书，白字先生一个。十几岁的时候，受周围社会环境的影响，就开始不学好。经常身上带着小刀，到外面去混。往哪里去呢？那时候最吸引小孩子的不健康的地方是赌场。田义卿一个十几岁的孩子，进赌场要本钱啊，他有吗？没有。于是他就揭"飞碗"，也就是赢了就是自己的，输了就拍屁股走人。若要找他的麻烦，他就跟你急。这是典型的流氓作风了。为此，他没少在外面打架，属于社会不良青年。

乡民们都怕他，称他是"烂儿"。他父亲管不住他，又怕他在外面惹了祸连累一家人，这田义卿下面还有六个弟妹呢。于是父亲在永绥县（现在的花垣县）城门口贴了张声明，声明和田义卿脱离父子关系，将田义卿赶出了家门。这时候田义卿还没有成年呢。

感觉田义卿很像今天香港电影里的古惑仔。虽然是古惑仔，可是也正如所有电影里的古惑仔一样，田义卿也有其好打抱不平、疾恶如仇的一面。

1915年，他妻子的表弟张三才的妻子，被保靖县复兴场的有名恶棍刘竹卿霸占，结果还将张妻给逼死了（如果细心一点，会发现这些在社会上混的人名字多有卿字，为啥呢？那是他们加入了帮会的标志，是卿字辈的，便在大名里有卿字）。田义卿听到这个事情，非常愤怒，按说这亲戚关系隔得不算近，报仇也轮不到他，人家还有老公呢。可是田义卿是个带点侠气的江湖青年，最看不得这种仗势欺人、奸淫女子的人。你看那《水浒传》里，好汉们杀多少人都没关系，只是犯不得"淫"字。那镇关西只因为欺凌老父弱女，被鲁提辖（鲁智深）三拳给打死了。这些江湖烂儿，听《水浒》长大的，自然对于欺凌奸淫之事十分憎恶。

中国有两本书对于民间思想的影响是最大的，大到甚至超过了孔孟之道。是哪两本书呢，一本是《三国演义》，另一本就是《水浒传》。而对于土匪们来说，虽然他们大多数都没有看过书，但两本书里面的故事可都是耳熟能详的，它们对于土匪、帮会这些个行当的影响实在是太大了。民间把去当土匪说成是去学忠义，而《水浒》里的宋江是匪盗的祖师爷，《三国》中的关公则是帮会入会必拜的行业神。民国时期土匪和帮会那是秤和砣的关系啊。

我以为《水浒》存在着诸多的思想缺陷，它的内容多半都是封建的和糟粕的，简直是一本土匪强盗的入门书籍。但不能否认它也反映了我们民族精神的某一个层面，行侠仗义，该出手时就出手，对于强权的反抗，对于公正的社会追求也是极为可贵的，所以老百姓会那么喜欢他们的故事。

田义卿于是像花和尚鲁智深一样要抱这个不平，比鲁智深不同的是，鲁智深还只是想教训教训镇关西，只是下手重了点，把人家给打死了，可田义卿直接就想好了，要人家的命。这叫以命抵命。所以湘西强人个性里的蛮勇刚直简直可以和古代那些游侠比较而有过之而无不及。

田义卿在家里把平时身上带的护手双刀磨得非常锋利，对妻子父母只说是出去有点事情。夜里借着月色直奔复兴场刘竹卿的家。那时，刘竹卿已经睡熟，正做着好梦呢。田义卿非常从容地摸进卧室，轻轻走到他的床边，对准刘竹卿手起刀落，将这个坏蛋活活刺死。也许他的手法太利落，居然没有马上惊动刘家人。他从容离开刘家，等到他回家里时，天还没亮呢。

第九章　反目成仇

回到家，他赶紧让家人收拾家当，反正也没啥值钱的，当下收拾好就带着全家四口逃往四川边境避祸去了。这中间在外躲避了近两年，直到风声平息，刘家找不到凶手不了了之后，才返回老家永绥。

为了一个受欺凌而死的不相干的女子报仇杀人，为此全家避祸在外面辗转两年。这样的事情，不是一个热血男子是做不出来的，当社会出现不正义的事情而又没有官府来制裁时,这个具有侠义精神的湘西强人站了出来。毫无疑问,田义卿是流氓行径和侠义行为集于一身的人,评价他显然是件很复杂的事情。只能说,他就是一个活脱脱从《水浒传》里走出来的江湖好汉,既有着好汉的侠肝义胆,又有着江湖人士的恶劣习气,而正是这种恶劣的江湖习气使他的结局非常悲惨。

田义卿回家乡之后,在江湖上有了名气,以至于当地的龙头大哥开赌场,他去赌钱,输了不仅不要他掏钱,还倒送给他钱,自然是有心结交这个有胆气、有本事的汉子。1917年田义卿决定务务正业,做点正当事情,不让家人操心了。于是他到绥靖镇镇台谢重光那里当十长,这时候他35岁。田义卿这个职务可能和保安队性质差不多,专门负责当地剿匪。由于他勇敢善战,又曾在土匪围攻的时候把上司给背出来,因此立下不少军功,深得上司——镇台谢重光的信任赏识。

后来谢重光被属下茶洞协台宋海涛逼得远走云南。于是在被赶走的前任镇台谢重光的授意下,田义卿干脆宣布独立,不受新镇台宋海涛的管辖,独自在龙山成了天不管地不管的大王。他的武力逐渐扩大,到1919年时,田义卿已有两营兵力,给养越来越有困难,于是他和自己的亲弟弟商议,暂时投靠陈渠珍。自然,田义卿打的算盘陈渠珍很清楚,但为了扩充实力,他仍然收编了田义卿,并任他为保靖营参将兼保靖巡防司令。

司令官可不是好当的,上任不久,陈统领就命令他去剿灭一支有五六百人的土匪武装。你能剿灭算你狠,若战死了那也无话可说,你的手下就归我了。可没想到田义卿是员骁将,打仗非常厉害。

这次要剿的匪首和田义卿同宗,叫田兆卿。田义卿很厉害,没几天就生擒活捉了田兆卿。还和田兆卿义结金兰,成了拜把子兄弟。因为剿匪有功,田义卿很受陈渠珍信任和器重。可是田义卿却不甘居于人后,对于刚刚坐上湘西统领宝座的陈渠珍心里并不服气,陈渠珍搞的那一套建设湘西的举措在他看来很多余,招兵买马扩充实力才是硬道理。这一来他自然也慢慢地不对陈渠珍的胃口。他年纪轻,做事情凭着一腔子热血,虽是名勇将,也有智谋,却沉不住气,羽翼未丰,居然就对湘西王有取而代之的心思。谁都想做老大,当老大多威风啊!可是老大也不是那么容易取而代之的啊。

1920年冬天,田义卿的父亲病死了。陈渠珍为了表示对属下的关心和器重,亲自前往田家祭奠慰问。得知消息,田义卿便和儿子田癞子商量:"你带几个人准备好,陈老统到灵堂后,按我的命令行事。"可巧他们的密谋被田妻听到了。

这时,门外叫"陈统领到!"

陈渠珍身着青布长袍精神抖擞地往灵堂走来,前后紧跟着12名随身马弁。这些黑旗大队的贴身警卫个个荷枪实弹,煞是威风。陈渠珍在摆放黑漆棺材的灵位前站定,连鞠了三躬。这时披麻戴孝的田癞子看着父亲的脸色,手偷偷摸着孝衣里藏着的手枪,只等他下令。就在田义卿瞅准时机准备下令的时候,他的老母亲突然出现,把田义卿拉了出来。田义卿不知何事,跟着来到房里。田母面色严峻:你要杀陈统领?

田义卿知道瞒不过,只好承认:是的。

老人家说:"苗子,你万不可冲动。这大院内外四处都有他的警卫。你若动手,即便杀了他,也出不了这个院子门,更害了一家老小。你父亲才去世,难道你就想断子绝孙吗?"

老人晓以利害,田义卿权衡利弊,也只好放弃作罢。

然而陈渠珍何等精明,灵堂上的一幕已经让他感到蹊跷,田义卿对于他的不满陈渠珍也早有耳闻。因此他也存了削弱田义卿实力的心思。过了一段日子,他便命令田义卿去攻打占据沅陵的湘西镇守使蔡钜猷,

第九章 反目成仇

想把蔡的势力赶出沅陵，同时又削弱田义卿的力量。田义卿明知蔡的势力比自己强许多，可陈渠珍的命令又不能不执行，于是他采取合兵下船、分兵上岸的办法，因为沅陵城绕水而建，沅水就从城边过。他打仗真有一套，虚张声势，水陆夹攻，看上去来势汹汹。蔡摸不清他的虚实，见势不战而退。田义卿也就轻而易举地占据了沅陵城，沅陵成了他的天下。如此顺利，仿佛如有天助，以田义卿的个性，更忍不住十分骄狂。这不，才占沅陵不久，他就在城内各处增设关卡，大量向来往客商征收船税和鸦片烟税，以充实自己的实力。老百姓们虽然不情愿，也只有暗暗叫苦的份儿。

有了本钱，他也开始公然不把陈渠珍放在眼里。当时，陈渠珍买的两挺机枪运经沅陵，本是要给另一驻防湘川边界的张子青部的，结果田义卿居然把枪给扣留下来。闻知此事，陈渠珍当然大怒，对于田的野心心里也有数了。于是在1924年4月下令，让田义卿退出沅陵回永绥，而让张子青部到沅陵来接防。而事实上他已经密令张子青找时机杀掉田义卿。

田义卿如同嗅觉灵敏的狼，他很明白自己扣留机枪之事陈渠珍绝不会善罢甘休。永绥回不回得去都是个问题。既然如此，一不做，二不休，他决定先下手为强。他准备怎么办呢？

且说来接防的张子青和田义卿原都是帮会出身、义结金兰的兄弟，可是到了厉害关头，兄弟义气也没有用。来沅陵之后，田义卿有几次以剿匪的名义向担任沅陵剿匪总指挥的张子青索取军饷，张都未发放。因为按照调令，田义卿早该拍屁股走人的，却在城里有意拖延赖着不走，张子青自然不会给他军饷。于是两边都弄得很僵。

这一天，田义卿态度忽然大变，亲自送来请柬，请张子青赴宴。这温文尔雅的张司令官以为田义卿态度有转变，并不以为异，欣然前往。

下午4点乘轿子来到田的司令部。轿子才到第三道门,欢迎的喇叭还没有吹完,就听一阵机枪扫射,张子青当场毙命。原来这是鸿门宴,田义卿扣留的机枪倒是先在这里派上了用场。田义卿曾经想用这样的手段对付陈渠珍未能如愿,如今却用到张子青身上。一个高级军官就这样不明不白地被自己的同僚给暗杀了,尸体被扔到阴沟里在两个月后事件平息了才被清理上来。这是多么残酷的事实。田义卿你也太狠了点吧,小心有报应。我们忍不住会说句公道话,可是佛家说的因果报应也许还真有。

凑巧得很,一年以后,依然是在沅陵,依然是被用同样请客的方法,田义卿自己被另一个部队长官在同一个地方刺死。死的时候,不知他想到过他曾在此地杀掉的张子青没有?即便没有,张子青大概也在黄泉路口等着找他算账了,如果讲因果报应,这肯定是个很好的例子。

这当然是我们对于历史的一些宿命论的感慨,但它确实让我们感到人生无常,争来斗去的强人们,就像弱肉强食的丛林动物。所以如果不是为了更美好的、合理的、有希望的未来而奋斗,争来斗去只不过是湘西人打湘西人,那是没有什么意义和光明可言的,甚至是一种愚蠢。而是否看到这一点正是同样崛起于湘西的贺龙和其他湘西强人的本质区别。

话说回来,把张子青的尸体扔到阴沟里后,田义卿命令部下向张的司令部进攻,想把张的司令部给端掉。虽然是打了个措手不及,可张子青的部下都是陈渠珍当年军官团的得意门生,陈斗南、顾家齐这些年轻将领并不慌乱,率部奋起抵抗和反击。田义卿一时间没能攻下,而对方人多势众,又有后援。他只好下令立刻撤出沅陵。走时,把县城监狱打开,放出全部囚犯,又挑走监狱的囚粮,拿走400多块银元。估计这些囚犯们都乐坏了,人生的第二个春天又开始了。

第九章 反目成仇

田义卿反了陈渠珍，退到永绥。紧接着，震怒之下的陈渠珍就派了顾家齐担任辰沅剿匪总指挥，兵分几路开往永绥，并悬赏捉拿田义卿。精兵强将，田义卿哪里抵挡得住，只好退出永绥，寻找新的能够和陈渠珍的势力抗衡的靠山。最后，他和在竿军时的故友，此时在川军当旅长的贺龙联系上。经贺龙推荐，田义卿被委任为川军第五混成旅旅长，就此完全跳出了陈渠珍的管辖范围。

　　也就是在这时候，川军响应孙中山号召北伐入湘。先是当年在陈渠珍授意下离开竿军入川的贺龙打头阵，攻占了常德。没承想，孙中山病逝，北伐中止，川军滞留湘西，反而骚扰各县，令湘西各县遍遭蹂躏。而由于面对川军的长驱直入，陈渠珍缺少准备，只好向凤凰方向撤退。退到永绥时，碰到了这个投靠了川军的冤家田义卿，又怎肯轻易放过他。双方好一番激战，打得陈渠珍损失惨重，这辈子都没这么狼狈过。别忘了，田义卿打仗是很厉害的。幸亏后来有竿军助战以及凤凰守军的援助，陈渠珍才得以安全退驻凤凰。

　　虽然接下来川军被湖南省方敦促，总算离开湘西了，但陈渠珍保护不力，却遭到湘西人士的普遍责难。正在此时，先前在长沙挂了个虚职的湘西镇守使田应诏从省城回到凤凰，也许是闲得太久了，静极思动，正好闻听陈渠珍兵败受挫，他便有心想收回旁落于人的兵权。陈渠珍可是个聪明人。听说田应诏回凤凰了，立马就主动登门拜访，见面就请罪："此次湘西遭到川军蹂躏，罪责在我。玉鍪深感惭愧，请辞统领一职。"

　　田应诏也不推辞，只说是要陈渠珍好好吸取失败教训，他日还有重用。陈渠珍便跑到凤凰和泸溪交界的猫儿口去休闲隐居了。陈渠珍迫于形势，主动引咎辞职，他会就此息隐林泉吗？什么时候他又等到机会再出江湖了呢？

猫儿口这个地方幽静美丽，山高水深、古木参天，陈渠珍每天布衣麻鞋，看书作文，垂钓沱江，过着隐士般的悠闲日子，好像完全忘记了金戈铁马的军人生活。可是离江湖虽远，心却仍在江湖。他之所以如此气定神闲，自然有他的道理。果然，不出他所料，没住满半个月，田应诏又派人来送信了。又出了什么事情呢？

原来川军离湘后，田义卿留驻在了永绥。可是如果没有靠山，他只是一支孤军，有生力量很容易被实力派给灭掉。因此田义卿又投靠了当时湖南省长赵恒惕的得力助手——湘西善后督办叶开鑫。叶开鑫真的让他很开心，委任他担任永绥防备指挥，这一下田义卿又开始得意，扬言要踏平凤凰，生擒陈渠珍。

田应诏既然重掌兵权，势必要先解决这个危胁凤凰安危的危险人物。可是陈斗南、顾家齐、宋海涛这些人都是听命于陈渠珍一个人的，互相并不买账，指挥不统一，结果和田义卿过招频频失利。这个时候，田应诏算是明白了谁是湘西真正的老大，不是他田应诏，而是羽翼已成、可以呼风唤雨的陈渠珍，没有他谁也无法驾驭这些桀骜难驯的湘西将领。于是田应诏决定彻底地退出江湖，"让贤"于陈渠珍，自己则在长沙退隐告老算了。由此可见，陈渠珍在湘西的威信和地位，他即便无一兵一卒，也能在湘西一呼百应，应者云集，也难怪历届执政者对他十分忌惮和重视，后来主政湖南的何键和薛岳都欲处之而后快。

第九章　反目成仇

话说陈渠珍这次引咎辞职到再次出山，时间不长，他再执兵权后，便重整旗鼓大举进攻永绥的田义卿，此仇不报非君子啊。田义卿抵挡不住，退到保靖。正待陈渠珍准备再举兵追剿时，却忽然接到叶开鑫的来电，说是田义卿巨匪已被缉拿处决了。这是怎么回事呢？究竟发生了什么变故？

原来，田义卿退驻保靖，可保靖已经被抢得差不多了，部队给养困难。这时叶开鑫劝他到沅陵来另谋出路。田义卿于是率部队来到沅陵。也正是在沅陵，这座他曾经攻下的城池里，他的大限到了。

1925年7月24日晚，叶开鑫邀请田义卿到亚细亚洋行吃酒，酒后，又在一起打麻将。过了一会儿，田义卿的参谋赶来催田回家，田起身乘轿。在街上被事先埋伏好的士兵伏击，枪战大约进行了40分钟，枪声才平息。这时田义卿身受重伤，第二天清晨被就地处决。一代枭雄在他曾暗杀张子青的地方以同样的方式殒命。

问题是，谁要杀他呢？恰恰是他投靠的靠山要杀他。原来田义卿之前在永绥时对于永绥士绅百姓的滥杀早已触动了众怒。大家联名告状告到北京，熊希龄闻说此事，十分义愤，要求省长赵恒惕处决田义卿，除掉一害。权衡之后，赵恒惕决定牺牲田义卿这颗棋子，以平民愤。于是下令叶开鑫处决田义卿。所以就有了前面的一幕。

我为什么要花这么多笔墨来讲田义卿的故事呢？因为他作为湘西土匪很有代表性。田义卿就像一头没有方向的狼，从最底层崛起，为了出人头地，在乱世中选择了充满血腥气息的恶的生存方式，他是条好汉，打仗有智谋，又敢拼命，可是最后却是这样让人叹惋的悲惨结局。如果将陈渠珍和他比较，两人的区别就在于，田义卿是个地道的绿林中人，小农意识浓厚，他对于人生没有远景规划，缺少照进现实的梦想，除了升官发财当老大，他不会去考虑更多其他的东西。而陈渠珍虽然也运用江湖忠义的游戏规则，但他更多了儒家经世致用的抱负。乱世之中他很想有所作为，青史留名。两个人境界自然不同。

解决了田义卿，陈渠珍的前路是否就此顺利了呢？他还能继续他湘西自治的乌托邦计划吗？

第十章　军人良心

1925年川军过境,陈渠珍因保护地方不力引咎辞职,但没多久又再次出山。经过清剿地方土匪后,他再次安定了湘西,并且继续励精图治,建设湘西。当时中国的局势依然十分动荡,先是北伐战争,然后是蒋介石叛变,国共分裂,一直没有消停过。20世纪30年代,陈渠珍吸取川军过境的教训,大力抓军队建设,由此《军人良心论》腾空出世,令湘西竿军达到了历史上的鼎盛时期,也迎来了民国湘西的"黄金时代"。"良心论"究竟是一种什么哲学思想,可以让培养出来的竿军在抗日战场上如此英勇呢?对于今天它有什么启示作用呢?

1926年的中国,全国人民反军阀的浪潮日益高涨,迫切要求结束10多年来北洋军阀的黑暗统治。在此背景下,广东革命政府领导的北伐开始。为了保住自己的地盘和势力,保住湘西这个"国中之国",陈渠珍又依照以前的审时度势,在反复权衡之后,决定附庸北伐,1928年被武汉国民政府委任为国民革命军第十九独立师师长。1930年10月,又被蒋介石的南京政府任命为国民革命军第三十四师师长。

所以陈渠珍关键时候能看清政治形势,站队基本没有问题。而且运用鹬蚌相争、渔翁得利的策略炉火纯青,他以保存竿军实力为宗旨,是阳奉阴违,见招拆招。为什么说是阳奉阴违呢?因为饱经世事沧桑的陈渠珍压根从未将这些主政湖南的首脑诸如谭延闿、赵恒惕、唐生智、程潜、薛岳等人放在眼里。他甚至藐视国民党中央政要，说"汪精卫，汪里汪蛋"、"胡汉民，糊里糊涂"，"蒋介石做事太毒，今后没有好结果"。表面上他遵行上峰命令，但并不认真执行，不过是在这些军阀你争我斗的缝隙中争得机会和时间来保境息民，建设湘西。这中间，为形势所迫，1927年"马日事变"后他也曾下令捕杀过共产党员，成为他历史上的污点。但老谋深算的他更多的是利用外力来达到消灭革命力量的目的，还经常玩些忽悠上峰的花招。

有一次，陈渠珍到了麻阳，遇上省里要求催报剿杀共产党的人数，这让参谋很为难，报实数吧，完不成任务，报假的吧，又怕穿帮。陈渠珍就说了，真共产党我们是很难杀到的。共产党有个主意，有个宗旨，与何键、蒋介石作对争天下。土匪是些乱七八糟的流氓组成，专搞烧杀淫掠、残害百姓的事。所以我得先剿匪，再剿共。省里要报，你就前后换一下，将杀掉的匪首名字换成共产党人的名字，将击毙的土匪数字变成共产党人的数字，这样不就可观了吗？估计这参谋只有崇拜的份儿了，真是太有才了！

到了20世纪30年代，湘西军事政治格局形成三足鼎立之势，有陈渠珍的竿军军团，这时候的番号是陆军三十四师；有蒋介石和何键以"剿匪"、"剿共"为名不时插足进来的国民党军队，还有不断在湘西扩大力量的红军。由于国民党军队忙于对付红军，无暇来集中力量对付陈渠珍这支表里不一的地方武装，所以20世纪30年代初期陈渠珍又获得了一段关起门来搞湘西建设的时间。

陈渠珍这一次吸取了1925年熊克武川军过境的教训，第一，虽然继续搞经济建设，但主要抓农业生产和城市里的工商业发展，不再搞消耗型的经济建设，所以20世纪30年代的湘西县镇开始出现很多繁华的商业，比如凤凰县城这时候号称"小南京"。按照湘西人的说法，屁大点的地方，大商贾裴三星、孙森万、熊生泰都有分号在此，同仁堂、稻香村一个都不缺。那个时候同仁堂、稻香村好比是今天的星巴克、麦当劳，是商业繁华的象征啊。

第二，他依然痴心不改地进行改造湘西的计划，这次不是搞自治了，而是制订了一个《农村建设方案》，报经省府同意后，于1933年3—4月间，建立了"湘西十三县农村建设分会"，作为主办农村建设的权力机关。同时在凤凰建立了一个"农村建设研究所"，从各县挑选优秀人才，进行培训后担任区长。各县又相应建立"农村建设研究所"，培养各村镇的骨干，这样他就将湘西13县的农村都控制在自己手中。当时这些青年骨干对陈渠珍都十分崇拜，他的理想主义的一面影响了当时湘西优秀青年的精神面貌。这个建设方案中，对于文教卫都有所设想。陈渠珍仍然最为重视教育，特别强调普及农村教育，为了解决农村师资缺乏的困难，还在凤凰办了凤乾麻三县联合乡村师范学校，这个学校培养了小学教师180多名，对湘西的农村教育事业产生了很大的影响。如果说陈渠珍是军阀，在那个时代这样注重地方民生发展和民智开启的军阀也实在是凤毛麟角。

第三，他比以前更重视枪杆子，大搞军队建设。民国竿军有两个特点，第一个特点是擅长武术。陈渠珍高度重视训练三军。"军无习练，百不当一；习而用之，一可当百。"竿军部队每年举行一次军事检阅，开办"经武学校"培养军事骨干，还设立"国术训练所"，聘请曾打败了俄国大力士的武术大师朱国福来当副所长（所长当然是他自己），在部队里大练功夫，发扬湘西人崇尚武术、武德的精神。嘉善战役中竿军在装备极差的条件下能和日军相持7天，就是因为他们将中国功夫派上了用场，这无疑与陈师长重视武术有很大关系。

这第二个特点就是竿军官兵都喜欢唱戏，而且会唱戏。这是为什么

第十章 军人良心

呢？它的历史渊源还得从田应诏说起，田应诏是一个京戏迷，若非生于竿军家庭，又逢乱世，这田应诏就是个喜好舞文弄墨的儒雅书生。后来他回湘当了湘西镇守使，就经常请戏班子来唱。耳濡目染之下，一些中下层军官对京剧也就产生了兴趣。于是操练、打仗之余，就自拉自唱消磨时光，活跃气氛。到了陈渠珍手里，他自己虽然没这个兴趣，但他发现唱京剧对鼓舞士气，提高战斗力有好处，为什么呢？

因为在封建社会一般乡村的平民百姓没有受教育的机会，他们对传统道德的认识都来自于哪里呢？民间的戏曲是一个很重要的渠道。比如京戏，那些个《空城计》、《李陵碑》、《铡美案》、《霸王别姬》等，古代的贤臣良将、忠君卫国、英雄侠士的品格信念尽在其中，比任何枯燥的教条都要好，这就是民间艺术与军事教育的完美结合，而且官兵同乐，寓教于乐，只有好处没有坏处。于是，陈渠珍就鼓励部下们多练多唱，久而久之这就成了这支湘西少数民族地方军团的一大特色和传统，你说这一招厉不厉害？

可见，陈渠珍不但重视对官兵身体和技能的训练，更重视对他们思想的教育。由于1932—1933年这段时间，湘西社会政治比较稳定，经济也在发展之中，陈渠珍有时间和精力来做他所热爱的事情——对宇宙人生政治各个方面作深层次的哲学探

原陈家祠堂的戏台

索，这充分体现了他作为传统知识分子的本色。他与地方名宿瞿方书、滕敬侯、易雕鳌等组织了一个"辅仁学社"，后改名为"大同学社"，大家在一起谈经说道，把儒、释、道各家的学说糅杂在一起，用古代哲理

探讨大同政治，也是在此期间，他撰写了《军人良心论》，成为当时湘西竿军进行部队思想教育的读本，同时也是他的哲学思想的集中反映。

在这本书里，陈渠珍将自己多年的军事经验和军事理想上升到理论的高度，形成了一套他自创的治军思想体系，比之蒋介石有过之而

《军人良心论》一书

无不及，甚至可以看做是中国传统治军思想的最后绝响，值得后人重视。

《军人良心论》的结构如下：

上篇：知识（主要讲军人如何认识宇宙、世界和人的本体）；

中篇：心性（主要讲军人如何认识自身，树立"良心"）；

下篇：行为（主要讲军人如何在行为中贯彻"良心"论）。

考虑到兵士的文化程度低，陈渠珍在《良心论》后还附有历代名将的故事及对他们事迹进行解说的按语，以此作为军人效仿学习的楷模，并且是以浅白的白话文写出来，可谓化抽象为具体，深入浅出，足见作者的一片苦心。

多年以前，田应诏问他如何治理军队，陈渠珍说过"兵随将转"，治兵需先治将，所以先办军官训练团；如今他的良心论，可谓"人随心转"，教人有良心，让军人发现自己的良心，并且涵养自己的良心。

问题是，良心与军人打仗有何关系呢？这就要说到中国传统军事思想中的精髓——"兵儒合流"的思想了。

兵儒合流，就是将儒家的仁义治国之道与兵家的克敌制胜之道加以

有机的结合。

正所谓"杀人亦有限，立国自有疆，苟能制侵凌，岂在多杀伤"（杜甫《前出塞》）。什么意思呢？就是说杀人也有个限度，扩展国家疆界也不能无休无止，只要能抵御侵凌，何必多杀伤呢？强调出师的正义性，强调"慎战"，就是出兵谨慎，尽量息战养民。但打起仗来又绝不含糊，以兵家的权谋诡诈为作战指导方针。陈渠珍显然受到兵儒合流思想的深刻影响，他的作战思想无不符合这一原则。

进一步讲，正义的战争有赖于有良心的军人。所以陈渠珍说："有良心的人掌枪才是军人，没有良心的人拿枪便是土匪。""因为军人存心是处处求人民的利益，不顾自己牺牲的。土匪存心是处处求自己利益，不顾别人痛苦的。"因此陈渠珍虽被称为"湘西土皇帝"，但和那些只顾自身利益穷兵黩武的军阀是有很大区别的，他说，当一个军人明白人民是军人的主人，他的良心就被发现出来了。这不跟我们今天对军民关系鱼水情的提倡是一个道理吗？

他还将这些来自三山五岳、匪气十足的官兵进行整改，督促竿军官兵严格执行"四大注意、九项禁令"。即，一要注意交往语言和气谦让，二要注意对群众称谓要按亲人的老幼辈序，三要注意讲理要平和疏导，四要注意交易宜公宜平；严禁拉夫，严禁擅入民房；禁止擅取民物，禁止吸烟酗酒，严禁调戏妇女，严禁诈骗民财及代人索债；禁止干涉词讼，禁止估当物品。这些措施都对整顿竿军部队发生了重大作用。

从治军之初的先治军官，到现在的普治军人，是陈渠珍治军思路的一个进展，但如果深究起来，"良心论"依然是陈渠珍的一种济世情怀的体现，他不仅要建设竿军，还要建设湘西，要教化民众，濡化民风，重造民众的精神，想从根本上寻找解决社会问题的办法。

所以陈渠珍的"良心论"不仅是一个治军的思想，更是一种人生哲学主张。在我看来，陈渠珍在 100 年前所极力倡导的良心论在今天依然有着它的实践意义，所以我想进一步谈谈他的"良心论"的哲学价值。

从 20 世纪 30 年代全国的文化现状来说，儒家精神规范早已崩溃，而西方现代思潮和革命思潮正在知识分子中间热烈讨论，形成风气，主流社会的思想文化正处于一片极其混乱而又生气勃勃的状态。大家应该还记得孔子所谓的"礼失则求诸野"，就是说当在上层社会礼乐崩坏的时候，可以到野外、到民间去寻求礼乐文化，因为民间有着丰厚的道德积淀。其实这句话用来解释陈渠珍"良心论"的产生是很合适的。

当时湘西边地相对城市来说偏远、封闭、保守，文化落后，民风远未开化，近代以来的西方思潮根本还不能到达这块"蛮夷之地"。而掌握了军政大权的陈渠珍基本上是一个穿着现代军服的士人，他便用权力在边地来推行儒家传统的思想。当然，他也将自己深受其熏陶的宋明理学加以了时代的适应改造，从而出现了他所创制的"良心论"思想。

另外陈渠珍提倡"良心论"也和军阀统治的必然性有关，正如历史学者张鸣先生所说——"随着时代的推移，内战的升级，内部离心倾向的加剧，军阀在集团内部控制方面投入了更多的精力。他们采用各种形式，汲取各种思想来建构自己的维系意识框架，力图重建和修补已经崩塌的封建道德价值体系，和重现'中体西用'的幽灵，以收拾仅用物质利诱和传统社会关系无法维系的军心和民心。" 尤其是面对"欧化东来，新潮高涨"，各种先进思潮可能对地方民风的影响，陈渠珍已然意识到在意识形态方面加强对军人及民众的思想凝聚和控制的重要性。

我的地盘我做主，作为一个深受传统文化熏陶的军人政治家，陈渠珍坚守宋明理学传统，毫不以新思潮新思想为意，顶多也就是中体西用

---

❶ 张鸣：《武夫专制梦——中国军阀势力的形成及其社会作用》，国际文化出版公司 1989 年版。

的拿来主义。应该说陈渠珍思想上是相当保守滞后的，在他看来，传统文化思想才是挽救世道人心的根本，而西方根本没有什么高深的思想。那么陈渠珍"军人良心论"的哲学理路是什么呢？

陈渠珍的哲学理路，和近代改良派康、谭等人有相似之处，都是从唯物主义的自然观出发，直接引申出社会道德伦理以及政治方面的自然人性论。

例如在"良心论"的本体论中，陈渠珍认为人同万物一样，是感受天地冲和之气而生的，固宇宙本体必是冲和之气。将自然的规律看做人间的规律（所谓以天事演绎人事），这是近代思想家的一个相似特点。他们在宣讲自己的政治及哲学理论时，目标是社会，起点却都从自然、地球、天体讲起，在李泽厚看来其原因在于"他们都要找出或指出一个宇宙万物包括自然和社会在内的总规律和总法则，来作为自己的活动依据"❶。

只不过陈渠珍所说的这个"气"有别于康有为的"气"理论在于康有为之言"气"是基于汉代董仲舒的"气"说，陈渠珍所讲的"气"渊源于庄子所言的"冲和之气"。

另外陈渠珍与康有为不同的地方在于康有为是以阴阳五行来理解自然界的产生变化。而陈渠珍的理论依据来自于《易经》。他认为宇宙运行的法则（天道）是易经的变易、不易、简易三义。天道即易道，在这三义中包括了宇宙万物化生变化的所有法则。

陈渠珍"良心论"的学理基础和依据又是什么呢？他的思想当然不是石头里面蹦出来的，"良心论"最大的特点就是博采众长，不拘各家门派，杂糅各家学说。

---

❶ 李泽厚：《中国思想史论（中）》，安徽文艺出版社1999年版，第691页。

在他的思想体系里，孔子的"仁"、孟子的"仁义"、子思的"诚"、荀子的"礼"、老庄的"自然"、佛家的"慈悲"，甚至西方基督教的"博爱"、希腊先贤的"至善"都是"仁"的体现。所以陈渠珍用"仁"统摄了所有哲学思想中最合理的部分，成就了他自己独特的一种哲学理路。这种哲学理路，体现了湖湘之学经世致用的实践性。

但对陈渠珍构成良心论思想体系影响最大的当属宋明儒学。尤其是理学最后一位大师——明代大儒王阳明的"致良知说"。这自然与早年他在沅水校经堂对宋明理学的研习有关。

1506年贵州龙场这个荒蛮僻远的地方，虫蛇出没，瘴疠流行。一个因为得罪了大宦官刘瑾而被贬谪到这里的大臣，在异常艰辛的环境下，种田、采野菜、浇水灌园、烧水做饭，还要和当地的强梁土匪、地方官员周旋，在这样的逆境之中，他却毫不灰心气馁，而是泰然处之，从容应对，不改其乐，充分发挥主观精神，日夜澄默静思，终于有一天了悟圣人之道，于程朱理学之外独创"心学"，后来又否极泰来，回到朝廷，开始他一生建功立业、平乱靖难的辉煌历程。这位就是陈渠珍的超级偶像——大儒王阳明。

近代以来，王阳明的学说不仅在国内很有影响，而且在日本也很盛行，它对日本明治维新产生了极为深刻的影响。日本人自己说"维新诸豪杰震天动地之伟业，殆无一不由王学所赐予"。当年蒋介石留学日本的时候，发现无论是在火车上，还是在电车上、轮船上旅行的时候，日本人都在阅读王阳明的著作。蒋介石后来自己也成了王阳明的超级粉丝，到台湾后，将所居草山都改名为"阳明山"。为什么王阳明的学说对近代日本乃至中国影响深刻呢？因为它强调对人的主观精神的发挥，对于近代人的个性发展、思想自由解放、革命精神的开拓奋进都有积极作用，产生了巨大的文化能量。

王阳明哲学的中心思想就是三个字"致良知",他说,我平生所教,只致良知三字。自然,要了解陈渠珍的"良心说",必须了解王阳明的"致良知"。

首先,什么是"良知"?就是人的本心天性,"良知"来自《孟子》:"人之不学而能者,其良能也;不虑而知者,其良知也。"比如,任何人突然发现一个幼儿即将掉落井里会有施救的本能反应,这就是人的良知。不过放在今天就不一定了,这就叫良知泯灭。

还有一个有名的故事,说到什么是"良知",王阳明的一个弟子有天半夜捉到一个小偷,便对小偷进行教化,大讲"良知",哪知压根儿就是对牛弹琴,小偷听不进去,反而笑着问:"请问,我的良知在哪里?"当时天气很热,王阳明的弟子就请小偷脱掉外衣。没问题,脱就脱。然后又请他脱掉内衣,小偷还是照办。接下去请小偷脱掉内裤,这时小偷犹豫了,说:"这恐怕不妥吧。"王阳明的弟子便对小偷说:"这便是你的良知!"这种道德感在"阳明心学"那里被认为是人的本心,是与生俱来的。

陈渠珍所说的良心与之类似,他说良心"是人类固有的一种理性,但又是中国几千年的传统思想",是不要学也不要教的,"经子百家立言垂教,一言蔽之,无非'良心'的问题"。

既然是天所赋予,人皆有之,为何人还要作恶呢?这就是王阳明要"致良知",陈渠珍要论"良心"的原因。

所谓"致良知"呢,简单地说,就是凭着良心,去分辨是非。良知既然早已存在于人的本性之中,为什么还要"致"呢?原因就在于我们的良知常常会被物欲蒙蔽,不行动起来"致知",虽拥有这个良知本体,但是我们浑然不知,以至于成就不了我们的德性,就会为恶。所以"阳明心学"既将人的主观精神提到空前高度,又主张"知行合一",一定要在行动中去体认这个良知才是真正有良知的表现。

回到陈渠珍的"良心论",他进一步阐释这个良心是以"善"为体,以"仁"为用的,就是说"善"是"良心"的本体,而体现在行动中就是"仁"。那在陈渠珍看来,"仁"的内涵是什么呢?

陈渠珍解释说,"仁"就是为利人利己之事,而不是损人利己。能利人利己就是良心。所以陈渠珍说"仁",并非如宋明儒者那样一味虚谈性理,只重自修,而是重在人心教化上的积极实践。由"仁"推出具有实践意义的行"仁",也就是利人利己,再进一步推出"忠恕"之道是行"仁"的方法,而军人良心只不过是这个"仁"所体现的一个方面罢了。

我印象最为深刻的是陈渠珍在"良心论"中说到他的观点:生活就是人生的目的。为什么呢?天地之大德曰生。既生而长,就要养生,所以要注重民生,要注重生活本身,而想要和谐健康的生活就必须有良心,也就是利己利人地活着,这就是"仁"。

这真是最朴素的真理,非常值得今天我们的和谐社会加以借鉴。今天我们的社会也有的是损人利己,如果我们转换一下思维,以利人利己作为立身处世的标准、安身立命的根本,以生活本身的快乐自足、健康自由而不是虚名浮利作为目的,我们的社会岂不是要和谐得多,我们的生活岂不是要安乐得多,有意义得多。

第十章 军人良心

由此可见陈渠珍的"良心论"是非常有价值的,它有其明确的现实针对性,并非坐而论道,是为了进行湘西本地军人教育乃至对湘西民众的精神化育而形成。公允地说,像陈渠珍这种区域性军阀政治在那个时代并不鲜见,但像他这样在转型时代的来临下注重意识形态的重建与修补,以此来维系军心与民心的军阀并不多见。在湘西被迫进入前现代化的转型时期,陈渠珍的文化保守主义确实起到了推动湘西进入近代化进程的历史作用。

再回到"良心论"与治军的关系上来,《良心论》中有大量传统家族文化的内容,其中"孝悌忠信"是中国传统家族伦理文化的精髓,来自社会底层、曾以务农为生的军人们容易理解和接受,加上在长官个人人格的影响下,容易形成部队的亲和力和凝聚力。所以陈渠珍还是以传统文化为根基,但湘西本身相对边缘、落后,小农社会的经济模式还没有打破,所以陈渠珍的这一套"良心论"还能派上用场,为军民所接受。

最重要的是,以有无良心作为是否是"匪"的标准,这就给了那些想改过自新的土匪以正名的机会。当一个土匪成为一个有良心的军人时,他也就首先成为了一个人,一个有良知的人,也就获得了在社会立身的价值和尊严——这大概是陈渠珍苦心孤诣地写《军人良心论》的真正目的所在,只是当时他并没有如此清晰地认识到这一点罢了。

读者都熟悉沈从文的成名作《边城》,它以20世纪30年代川湘交界的边城小镇茶峒为背景,河边的船家少女翠翠,和爷爷以及一条黄狗靠撑船度日。城里船总顺顺有两个很出色的儿子,他们同时爱上了这个灵秀可爱的船家女。而翠翠则爱上了弟弟傩送,哥哥天保为了成全弟弟,于是离开小城去远方做生意,却被水淹死了。弟弟觉得哥哥是因自己而死,于是也离开了小城。翠翠的祖父因忧急而死,只剩下孤女翠翠,在河边撑着渡船渡人渡己。

她等的那个人也许明天回来,也许今生今世都不会再回来了。

《边城》封面

这是个忧伤凄美的爱情故事。我们要问，翠翠的父母呢？

小说里翠翠的身世只是在祖父的口中被提到过。翠翠的父亲是一名地方上的军人，爱上了翠翠的母亲后，女孩有了身孕，这名军人却不愿与恋人私奔，而宁愿为荣誉和尊严选择了自杀，导致翠翠母亲生下翠翠后也追随他做了一对生死鸳鸯。很奇怪吧，这里面不完全是爱情至上，而是军人的荣誉至上。想想作者沈从文在竿军部队的经历，这个虚构的故事从侧面反映了一个现实，就是湘西地方军人具有强烈的荣誉感和尊严感。这种荣誉感和尊严感也成为后来湘西军人在抗日战场上英勇杀敌、精忠报国的动力。

这种荣誉感和尊严感从哪里来呢？

可以肯定地说，陈渠珍的"良心论"功不可没，它凝聚了湘西军人的精神和意志，是抗日战场上竿军抗击外侮的精神支柱之一，所以值得在陈渠珍一生的传奇中浓墨重彩地写上一笔。

到何键主政湖南时，陈渠珍的湘西独立王国已经牢不可破。经过多年的惨淡经营和拼搏奋斗，把湘西地方武装——竿军的发展推上鼎盛时期，1934春已达3万人。当时有依附陈渠珍的黔军将领建议他打到贵州去做贵州省主席，然而陈渠珍不为所动，他为何一直固守湘西，不愿向外扩张呢？

从现实层面来说，第一，陈渠珍明白自己的社会基础在湘西，自己一旦离开湘西，就会毫无作为；第二，他担心树大招风，擅自用武力获得贵州省主席职位，必然会引起蒋介石的不满。但如果要我给出一个内心的答案，我想，主要因为陈渠珍骨子里仍是一个传统士人。以他的士人价值观，要成就的不是乱世霸业，而是平治天下的王道，哪怕他的能力所及只有湘西这个地方。所以只要打仗，他就忧心忡忡，只要有安定

第十章 军人良心

局面，他就兴致勃勃搞建设。然而卧榻之旁，岂容他人鼾睡。陈渠珍的坐大成了省主席何键的眼中钉，肉中刺，欲除之而后快。

何键是湖南醴陵人，青年时代曾在岳麓山的崇古学堂（今天的岳麓书院）就读，深受恩师、著名保守派名儒王先谦的影响，无论是他的反共守旧还是抗日爱国，其思想都可以从这里找到根源。和那个时代很多知识分子一样，何键后来弃文求武，就读保定军校，入伍湘军，曾追随唐生智。他是在北伐中崭露头角的，号称"北伐名将"。后来依附蒋介石，受到蒋介石的赏识，1929年开始主持湘政，担任湖南省主席。直到1937年11月下台，这期间一直没有停过与陈渠珍的明争暗斗。为什么呢？

其中主要有两个原因，一是民国时期湘西地区面积约占湖南的44%，号称"湖南半壁"，也即我们所称"大湘西"。陈渠珍从1919年开始执掌湘西大权，除了抗日战争时期被蒋介石软禁在四川南川的7年，在湘西都是呼风唤雨，谁也奈何不了他。何键的政令也根本无法在陈渠珍所管辖的湘西境内得到施行，这令何键无论是经济利益还是政治利益都受到极大影响；二是陈渠珍清末在新军中所带学兵——贺贵严同学如今是蒋介

何键

石面前的红人，为蒋介石的侍从室主任兼国民党军事办公室主任。贺贵严颇有意主政湖南，而陈渠珍与他暗通款曲，让何键十分伤脑筋。这不，陈渠珍"国民革命军新编陆军三十四师"的番号就是贺贵严帮他从蒋介石那里要来的，还要来了每月3万元的军费补贴。所以眼看陈渠珍

的坐大，何键想了各种办法想除掉陈渠珍。

陈渠珍对于何键的心思一清二楚，所以20世纪30年代陈渠珍采取"容共反何（当时省主席何键）疏蒋"的政策，广交英雄豪杰，笼络四方人才，甚至暗中与共产党人相往来，以达到为我所用的目的。

这里要讲一讲他和当时领导红军的共产党人贺龙之间的故事。贺龙是新中国的开国元帅，他与陈渠珍有什么历史渊源呢？这种历史渊源对于陈渠珍执政湘西又有什么影响呢？

第十章　军人良心

第十一章 "双龙"传奇

如果要讲民国竿军中的传奇人物，一定绕不开这两条"龙"，一是贺龙，在竿军中时如潜龙在渊，后来寻求光明，追随革命，终于龙飞在天，成为开国元帅；另一条"龙"是龙云飞，曾是竿军的大佬，国民革命军少将参议，抗日战场上的一员猛将，晚年却误入歧途，逆潮流而动。他们各自有着怎样的传奇故事呢？和陈渠珍有什么关系呢？为什么他们的命运有如此巨大的差别呢？

"二十年前澧州镇守使王正雅一个平常马夫，姓贺名龙，兵乱时，一菜刀切下了一个散兵的头颅，二十年后就得惊动三省集中二十万军队来解决这马夫。谁个人会注意这小小节目，谁个想象得到人类历史是用甚么写成的！"

这是沈从文先生在他著名的散文《箱子岩》中对于当年的湘西豪杰贺龙的传奇人生发出的感慨，写于1934年，贺龙这时候正在创建湘鄂川黔根据地，和陈渠珍的竿军争夺地盘。

其实早在1918年，陈渠珍就结识了贺龙，觉得贺龙是个难得的人才。他曾经亲往常德拜访贺龙，两个人同游常德名胜，畅谈天下大事。后来贺龙因为一时间无所依附，曾经被陈渠珍收编，于1921年担任湘西巡防军第二支队司令。贺龙豁达大度，器宇非凡，竿军将士无不佩服敬仰。也就是在这个时候，很多竿军中的高级将领和贺龙有了很好的私

贺龙

交。陈渠珍对他的部下曾说，云卿超群，当今豪杰，前途不可限量。看好他是一支超优的潜力股，事实证明陈渠珍的眼力确实不错。

贺龙当时军务十分繁忙，可是仍抽时间请一位先生教他读书。张子青觉得不解，威风八面的司令，干吗还要去认字读书呢？当官的哪个不是吃喝嫖赌抽鸦片。陈渠珍却很理解贺龙，说："燕雀安知鸿鹄之志，贺龙暂时附我，终有一日会展翅高飞，击搏云天的。"他们经常在一起，谈古论今，通宵达旦，颇有青梅煮酒论英雄的豪情。后来川东边防军总司令石青阳入川组建军队追随孙中山北伐，向陈渠珍借兵援川。此时的贺龙深得竿军一干官兵的敬重，陈渠珍思想保守，颇担心他久居湘西，如潜龙在渊，有朝一日龙飞冲天时，终成自己的心腹之患。不如正好借此机会，做个顺水人情，委派部下张子青（即张云龙）以及贺龙率部援川，这就是陈渠珍派遣"二龙"援川典故的由来。

可是在四川，贺龙并没有受到重用，西南军阀派系严重得很，任人唯亲，贺龙屡立战功，却得不到重视，自然和他们矛盾日深。因此1924年，借建国联军取道湘西北伐之机，贺龙攻克常德，便干脆不走了。为了稳住贺龙，当时的湖南省长赵恒惕任命贺龙为澧州镇守使，以便利用贺龙来驱逐入湘的川军。

第十一章 "双龙"传奇

1925年，川湘之战爆发，如前所说，陈渠珍因为大搞湘西建设，忽视了武力的扩大，因此势力弱小，兵力又分散，在蝗虫般入境的川军面前接连吃败仗，丢掉大庸、桑植、龙山、永顺、保靖等许多防地，弄得十分狼狈，以至于因此受到湘西人士的责难，只好引咎下野。后来幸亏有率部归湘的贺龙击败了滞留湘西的川军，夺回了这些地盘，看到陈渠珍处境十分困难，贺龙很慷慨地将这些靠弟兄们玩命夺回的地盘，重新交还给陈渠珍，欢迎他重新出山。这份恩惠自然让陈渠珍是感激不尽。

　　反而是赵恒惕趁着贺龙攻打川军，澧州一带兵力空虚，背信弃义，调集军队围攻贺龙部队，使他损失极为惨重。也正是这个时候，贺龙对于军阀之间的争斗和阴谋甚为厌恶，何去何从之时，开始接触到马列主义和共产党。1926年，共产党人周逸群正担任贺龙师政治部主任，他让贺龙从迷雾中看到光明，逐渐开始相信共产主义的政治主张是正确的。因此从这个时候开始，贺龙开始"赤化"，也更为湖南军阀所不容。

　　特别的是陈渠珍对于贺龙的态度。陈渠珍在心里铭记贺龙的这份人情，也考虑到赵恒惕阴险狡猾，因此他采取明攻暗护的手腕，巧妙保护贺龙部队跳出省军的包围圈，等贺部快要离开湘境时，他暗示部队尾随其后，对天放空枪，然后向赵恒惕电称："贺龙轻装偷袭，猝不及防，派部追至里耶，发生激战，斩获甚众。"于是贺龙的部队得以安全离开湘西，退入川东一带。陈渠珍作为湘西人的知恩重义由此可见一斑。

　　在这种情况下，到了20世纪30年代老谋深算的陈渠珍对待国民党恨之入骨的红军态度就十分暧昧。陈渠珍所部新编三十四师高级军官对待红军的态度也分两派，一派是剿共死硬派，以陈策勋、向子云、周燮卿为代表。陈策勋更是极其残酷地杀害了贺龙一家的亲人，烧毁贺龙的房屋，挖掉了贺龙的祖坟。

　　而陈渠珍所部的另一派，是剿共不剿贺派，也就是剿共但只要是贺龙的部队就睁只眼闭只眼。比如罗文杰（曾是贺龙的拜把子兄弟，人称罗二爷），王尚质（贺龙的表兄弟）、戴季韬等，都与贺龙有深厚的旧谊，田少卿等人更曾是贺龙的部下，虽然和贺龙在政见上不一致，甚至还截然相反，但以"湘西人的义气为重"，对贺龙的部队并不认真下死力清剿，做个打仗的样子，敷衍了事。这当然是典型的江湖义气，游侠作风，它在血雨腥风的年代体现出了湘西人质朴重义的一面，客观上使贺龙红军的有生力量得到了保存。

因为贺龙领导的红军在湘、鄂、川、黔一带有雄厚的社会根基，"中央军"和"省军"虽然军事实力异常强大，但却没有地方基础，人生地不熟，奈何不了实行游击战的工农红军。他们真正担心的是军事实力相对弱小，但拥有相当广泛深厚社会基础的陈渠珍所部的竿军。一旦陈渠珍决心与红军为敌，红军要在湘西境内长期立足要花费极大代价。所以陈渠珍与贺龙之间亦敌亦友，战场上也出现了一些很有意味的现象。

陈渠珍对两派部属巧妙加以运用，宗旨是以维护自身利益为出发点。需要清剿的时候，便派死硬派打你死我活的战役，最有名的是赤溪河大战。

贺龙 1929 年在鄂西一带打游击，扩大队伍后回到湘西，攻占了陈渠珍所辖的桑植县城，随后又逼近大庸等县，准备扩大革命根据地。这就威胁到了陈渠珍的根本利益。于是陈渠珍就执行当时湖南省主席何键的"剿共"命令，让剿共死硬派向子云部反攻桑植。

向子云特别迷信鬼神。当时贺龙的队伍中有一个"神兵"大队，他们赤头巾、赤脸、赤衣裤，这种打扮现在看起来很雷人，和陈渠珍的黑旗大队有得一拼，但在当时对于民间百姓来说，这是神兵，不是凡人，可以刀枪不入的，久而久之，估计连他们自己都这么以为了，所以打起仗来不怕死，战斗力很强。神兵们每人手持一丈多长的梭镖，队长叫陈宗瑜。这支队伍拿的虽是长矛大刀，但作战非常勇猛，由于着装效果十分强烈，对于敌人的威慑作用很大。

向子云啥都不怕，就怕这个"神兵"大队，他为了对付"神兵"大队，特别聘请桑植县著名的铁匠，是做刀枪吗？不是，忙着赶制镰刀，然后用鸡、狗鲜血涂在钩镰刀上，干吗呢？避邪啊。可是真到了神兵出现时，这群迷信的官兵看到这些"红"军，都吓傻了，机枪、步枪都不用，慌忙拿起避邪的钩镰刀，结果可想而知，全部被神兵的大刀砍得落花流水。这次红军大获全胜。

而正是这次败仗，让陈渠珍的死对头省主席何键找到了出兵挺进湘西"援助"剿匪的借口。所以陈渠珍对于剿共心情十分复杂，也格外小心、谨慎，只要红军不打他，他绝不打红军。他不跟红军打硬仗的主张贯彻得太彻底了，以至于贺龙领导的红军从他的部队眼皮子底下退走他也装聋作哑，不予追击。

这就是陈渠珍极其圆滑的消极剿共策略，他以这种策略在夹缝中保存实力，求得生存。然而何键怎会被陈渠珍如此容易忽悠过去，他殚精竭虑想解除陈渠珍的武装。

何键究竟如何将陈渠珍的兵权剥夺的呢？陈渠珍会束手待毙吗？

陈渠珍面对何键的苦苦相逼，见招拆招，采取消极剿共、阳奉阴违的策略。然而何键却不是省油的灯，他与贵州军阀王家烈合谋，出枪弹让王家烈用重兵从贵州抄其后门。然而陈渠珍的竿军最终将黔军打败，而且不少黔军将领纷纷阵前倒戈，依附陈渠珍，反而壮大了竿军实力。

这场战争被人们戏称为"鸦片战争"，为什么呢？因为战争起因就是何键为了从陈渠珍手上将贩运云贵鸦片的特税权益给抢过来。所以陈渠珍虽然最后取得了军事上的胜利,但经济上却遭受了惨重损失,因为从此鸦片贩运改道,不从陈渠珍的地盘上过了。他为发展湘西经济一手创建了"湘西农村银行",凭借鸦片税收支撑的银行没有了资金来源,终于不得不在1935年倒闭。没钱拿什么来养兵呢?这就是竿军走下坡路的开始。

何键一计不成又生一计。陈渠珍为了和贺龙搞好关系,以集中精力对付贵州军阀和何键,1933年1月曾与贺龙的下属覃辅臣联系试图合作。陈渠珍曾对部下说,现在贺龙当了红军,我们还可以利用旧情,虚与周旋,借以自重,要是贺龙远走高飞了,何键是有余力对付我们的,我们垮台的日子就不远了。因此他愿意和红军进行秘密谈判,甚至还为贺龙送去一些军火和光洋。这件事被竿军内的奸细报告给了何键。何键于是以陈渠珍"通共"、"资共"大造声势,迫于无奈,陈渠珍只好让手下的剿共派与贺龙的军队接连打了几次你死我活的硬仗。其中最有名的是十万坪大战,这一仗红二、六军团大获全胜,搞掉了陈渠珍部队的三分之一力量,竿军损失人枪万余。何键达到了以"剿共"削弱陈渠珍势力的目的。陈渠珍则"哑巴吃黄连,有苦说不出"。

接下来,当贺龙、任弼时领导的红二、六军团进入陈渠珍的湘西防区,开辟出湘、鄂、川、黔根据地时,何键则以"剿共"之名乘势"就汤下面",完成解决掉陈渠珍武装的战略部署。1935年他将中央军、省军浩浩荡荡开进湘西,兵分几路对陈渠珍的地盘和部队实行分割包围,这还是历史上第一次。成了"瓮中之鳖"的陈渠珍如果敢和何键公开决裂,就会被扣上"破坏剿共"的帽子;如果完全听从何键的安排,就等于被他吃掉。

陈渠珍怎么办呢?是跟何键一决胜负,还是服从何键,交出兵权呢?

这是个很纠结的问题，要知道兵权对于乱世军阀来说，那是身家性命所系，陈渠珍会情愿交出兵权吗？陈渠珍心里早有一杆秤。这天，陈渠珍把属下的高级军官召集起来开会，听取大家的意见。竿军将领们纷纷表示要和何键决一雌雄，否则自己就拖队走人。

陈渠珍最后发表意见说："多蒙诸位协助，陈某在此干了多年，南征北战，东讨西伐，呕心沥血，就是为了保持湘西一片干净土地，使湘西父老得以安居乐业。我们与何键决战，固然未必全军覆灭，但是，湘西必遭蹂躏，百姓必遭浩劫……"他沉思片刻后又说："古人有言，力尽之民，仁者不用也；功大而息民，用兵之道也。当前民尽财竭，决不能再把湘西子弟当成我与何键拼搏的炮火。"散会之后，他就向军委会和省府发出辞职电文，交出军权。这便是陈渠珍第二次辞职交出兵权。

这次他在审时度势之后，从大局考虑，牺牲小我的利益，宁可交出军阀的命根子——军队，避免了湘西的纷争和流血。在了解陈渠珍一生无数的惊险、曲折、奇丽的故事后，这一幕却最让我感到慈悲，感到陈渠珍内心强大的人格力量，感到他以行动对于"良心"的诠释，对于儒家"仁"的精神的贯彻。

这一刻，我才真正明白为何他瞧不起那一干高高在上的权贵。胸存民生、胸存天下的他当然有资格看不起蒋介石，看不起那些为了一己的天下而令天下生灵涂炭还自认为是不世之才的乱世枭雄们。陈渠珍扣着手上所剩无几的牌底，最后决定摊牌、放弃，接受何键的整训改编命令。从此三十四师实际由顾家齐主持，陈渠珍不能再过问竿军，并被指定在乾州办理屯务。这时是1935年春，到这时他为湘西开创的"黄金时代"行将结束。

后来竿军——这支湘西地方兵团的命运我们在楔子中已经知道，在抗日战场上，被整编的竿军——一二八师创造了战场上的奇迹，也损失了三分之一的官兵。剩下的也在接下来的战斗中消耗了生命，最后一二八师的番号被取消，竿军从此也就彻底成为一个传奇，一个历史名词。想到竿军的辉煌，这样的结局不免让人黯然。但如果我们站在历史的高度来宏观地看，竿军的消亡、地方割据局面的统一其实是历史趋势的必然。20世纪30年代到40年代，陈渠珍虽然在各种政治势力的博弈中殚精竭虑，却无法挡住历史的车轮滚滚。

无可奈何花落去，属于竿军和陈渠珍的时代终于成为过去。陈渠珍站在历史的十字路口何去何从呢？他甘心以这样的方式来结束自己的故事吗？

却说何键等人都认为陈渠珍这次大势已去，总算是松了口气。可是何键高兴得太早了，陈渠珍在湘西的势力根基并没有被破坏。后来在陈渠珍的遥控指挥下，省主席何键竟然被掀下了台，重重地摔了跤。

何键下台，陈渠珍后来又能够东山再起，另一条"龙"很关键，他就是凤凰三江的苗王——龙云飞，有人称他为游侠龙云飞。

当时陈渠珍顾全大局，为了不让湘西生灵涂炭，面对省主席何健的重兵压境，决定放弃抵抗，把手中的军权交了出去。而他手下的一干将领多半反对。其中有一个旗帜鲜明地表示反对，带领亲信当即离开竿军，潜回自己的老家——凤凰总兵营（现在的山江），就像孙悟空在天庭过得不爽，回花果山去当他的齐天大圣，他优哉游哉当自己的苗王去了。他就是龙云飞。

第十一章 "双龙"传奇

据史料记载，龙云飞又名龙腾汉，是凤凰县山江镇人，苗族。他幼年时读过两年私塾，苗人当时读书的机会很少，像他这样已经算是高学历了，且边读书还边习武，显出和一般日出而作日落而息的苗人不同的高远志向。其实这高远志向对于龙云飞来说，就是不安于守在大山之中终老到死的现状，好男儿志在四方。龙云飞 18 岁离家闯荡江湖，凭着湘西人不怕死敢拼命的精神，他入了哥老会，结伙赌博，贩运烟土，包路护送商客，几乎什么都干过，成了地道的江湖人士。后来因杀了一个贩牛客被通缉，逃离凤凰。

辛亥革命爆发后，血气方刚的龙云飞似乎看到了发达成名的机会，又杀回来参加凤凰苗民光复军。这个勇猛的苗族汉子头一个光着膀子叼着刀爬上凤凰城墙。这次起义失败后，他流亡辰沅一带，当过挑夫，拉过纤，还参加了青红帮，慢慢有了自己的一帮兄弟后来带着这支队伍参加湘西镇守使田应诏的讨袁护法军，当时陈渠珍也不过和他一样同为田应诏手下的团长，而贺龙和他曾经是哥老会的拜把子兄弟。

田应诏把指挥权交给了陈渠珍后，陈渠珍励精图治，独霸湘西。龙云飞作为先主旧臣，后主同僚，深受重用，镇守一方。他先后当过永顺、保靖的驻军统帅，凤、麻、辰、泸的警备司令，真正如愿以偿地成为竿军中的大佬。

沈从文在《凤凰》中形容年轻时候的龙云飞：二十年前眼目精悍，手脚麻利，勇敢如豹子，轻捷如猿猴，身体由城墙头而下，落地时尚能作矮马桩姿势。在街头与人决斗，杀人后下河边去洗手时，从从容容如毫不在意。

这活脱脱就是从武侠小说里走出来的好汉啊。李白写游侠"十步杀一人，千里不留行。事了拂衣去，深藏身与名"。再武艺高强，轻生蔑死，也不过是像龙云飞这样了。然而虽然有古代游侠的英雄一面，龙云飞却也有游侠好汉们非常受局限的一面，那就是他们对待女性以及道德方面的封建性和残酷性。

大家一定还记得《水浒传》中有两个关于惩戒奸夫淫妇的故事，一个是武松杀嫂，另一个是杨雄惩治自己的风流老婆潘巧云。潘金莲和潘巧云都是花容月貌的少妇，因为武大郎身材短矮、人物猥琐，因为杨雄的工作需要经常值班不能回家，所以他们的老婆都出轨了。潘金莲出轨也就算了，还索性下药把老公毒死了，所以男人们说，最毒妇人心。这两个女人因为出轨问题，最后导致了剜心剖腹的悲惨下场。

这本千百年来在男性群体中流传的书，自然给江湖好汉们做了一个榜样，凡是败坏家风、行为放荡的女人，包括奸夫都是死有余辜，应该被永久地钉在耻辱柱上。龙云飞自命为英雄，他对待"不检点"的女性的极端方式，其动机的根源就是出自这里。不同的是《水浒传》是虚构的，而他却在现实生活里活生生地用残酷的方式惩戒有败家风的女人。

龙云飞之弟龙腾甲生前曾为大田乡的守备，经常招当地的裁缝龙天胜上门缝制衣服。龙腾甲精神有病，身体虚弱。他的妻子吴妹者和龙天胜在来往中也就眉来眼去，互生情愫。于是吴妹者就当起了潘金莲，和龙天胜二人用砒霜拌黄瓜毒死了龙腾甲。龙云飞时任麻阳警备司令听说弟妹不守妇道，决意要正家风，除掉二人。

1931年4月8日这一天，龙云飞命令将裁缝带往弟弟坟前充当祭品，因为他们是苗族人，先是让苗老司也就是主持这一类祭祀的苗巫做祭祀的礼仪，做完祭祀后，便剥皮祭坟。

龙云飞派人将龙天胜钉在一棵大树上，四枚大长钉分别钉住手掌和脚后跟，手脚撑开呈"大"字，然后用酒将龙天胜灌得酩酊大醉，于是开始剥皮挖眼，将其活活折磨至死。剥完皮后，有人称龙云飞将其人皮搓成一根皮鞭，悬挂在龙家大院的门牌下，以正家风，要让有出轨想法的女人们望而生畏。听起来都让人毛骨悚然。

这还不够，与此同时，龙云飞叫人传来弟媳吴妹者一家，命令吴妹者的哥哥开枪射杀他不守妇道的妹妹。这男子无论如何也端不住枪，龙云飞又命令女人的父亲来干这个事情。可一看，吴父早已昏倒在一旁。其间，吴妹者的儿子龙恩铭很有孝心，冒死为母亲求情，恳请龙云飞饶过自己的母亲，哪怕龙云飞挖掉母亲双眼，砍断双足，他也愿意带母亲出去乞讨，终生不回山江。龙云飞口头答应了，却在这之后仍然命令吴妹者的哥哥将自己的妹妹给射杀了。

这龙云飞活脱脱就是民国版的武松，甚至比武松还敢下狠手。只不过惩戒的是弟媳妇，而不是嫂子罢了。好在时代在进步，当时应该没有人视此为英雄之举而大加称颂，毕竟那条人皮做的鞭子让卫道者们怎么都觉得瘆得慌。

对于这件事，山江黄茅坪村立的村史碑上这样记录：无辜的贫下中农，只因不愿给龙匪做龙袍，就被钉在树上剥皮挖心。为什么要这么写呢？这山高皇帝远的，龙云飞不至于脑子发热到想做皇帝吧？这样写是因为在封建社会看来，惩治奸夫淫妇是大快人心的事情，具有道德上的正义性，所以不足以体现龙云飞的罪过，而杀裁缝的理由变成责其不给自己做龙袍，那就成了为了造反想当皇帝而杀人，这在封建专制社会看来就是罪大恶极的事情。

从这个真人版的《水浒传》故事我们都可以看出地处偏远山区的湘西文化所具有的封建性和野蛮性。所以我觉得《水浒传》对于中国民间文化的影响是功过参半的。而其中非常负面的一种影响，就是暴力和虐杀意识的泛滥。你看那梁山上的绿林好汉们动辄剥人皮，砍人头，拿人心当下酒菜做醒酒汤。母夜叉孙二娘开黑店，杀人夺财之外还兼做人肉料理。血腥、暴力和嗜杀成了《水浒传》留给后人不可小觑的文化传统。

事实上，在民国湘西，对待女性的性方面的极端压制是很普遍的现象。为什么呢？倒不是因为苗族文化是如此，恰恰相反，热爱歌舞的苗族人不会这样去压抑人的天性，从他们的传统舞蹈茅古斯舞就可以看出他们崇尚自然、热烈奔放的天性。

近代湘西对待女性之所以严酷有几个社会原因。随着汉族迁入，中原儒家文化重家风、重守节的道德影响是其一；其二就是，湘西尤其是作为竿军驻地的凤凰，军人是当地最高的统治者，因为职务关系，军人又时常要外出，妻子不得不经常独守闺房。有些风流女子难忍寂寞的，自然难免红杏出墙。因此当地风气对待女性必然要十分严酷，才能保有对于女性的占有和家庭的稳定。这样我们就不难理解为什么湘西强人对待出轨女性如此毫不手软了。

可是想想那些在情与性上被严重压抑的女性却十分可怜。所以沈从文讲到，在湘西，受到压抑的女性年纪上了 30 的，往往成了装神弄鬼的巫。而那些未出阁的女孩子，则因耽溺于对美好两性生活的向往，自闭成了落洞少女，就是长此以往，精神上出了问题，以为自己被洞神看上，幻想和神结婚的少女。据说，这样的女子死时，浑身散发香气，面色红润如桃花，神情欢喜祥和，然而却是一出彻头彻尾的生命消耗的悲剧。

所以我们通过龙云飞这个例子，可以感受到民国时候湘西这个地方确实是很保守、野蛮而落后的，要改变人们落后的文化意识是一个多么艰巨的任务！也由此我们可以更加理解陈渠珍为这片故土所作的努力。

那么，具有游侠风度的山江苗王龙云飞又是如何与远在长沙的陈渠珍一起合谋，居然将堂堂封疆大吏、省主席何键给掀下台来的呢？

第十二章　几番风雨

陈渠珍苦斗何键，在国、共之争中殚精竭虑，却终难抵挡地方割据结束的历史趋势，最终被迫交出军权，赋闲长沙。"更能消几番风雨，匆匆春又归去"，坐着冷板凳，英雄无用武之地的他会甘心于这样的命运吗？他又如何东山再起呢？

导致陈渠珍的对头湖南省主席何键下台的是1936年龙云飞在陈渠珍的遥控下领导的湘西抗日革屯运动。

什么是革屯呢？这还得从湘西屯田防苗的制度说起。清朝嘉庆年间发生了著名的乾嘉苗民起义，苗民奋起反抗清朝统治者的压迫剥削，致使清政府调集七省18万兵力加以镇压，这场起义历时12载，对于清政府的打击很大，致使清朝由此开始走向衰落。因此，后来清朝政府创设了屯田制，"屯田养勇，设卡防苗"。把苗民的私田均为公有，再把这些公有的屯田又分给苗民耕种，政府征收屯租，作为防苗的军粮和军饷。

苗民自己的地被剥夺了，一年四季只能替人耕田，碰到天灾人祸，种了田，收不出粮食还倒欠屯租，因而祖祖辈辈都受屯田虐民之苦。自然，哪里有压迫，哪里就会有反抗，正因为屯田制弊端很多，容易造成矛盾，所以辛亥革命后，除了湘西，全国的其他地方都已经废除了屯田制。唯有湘西7县还保留了这一腐朽的制度。而民国时期田应诏、陈渠珍等也相继利用屯租养竿军。所以陈渠珍为何在"军人良心论"中特别强调人民是军人的主人呢,因为竿军就是老百姓拿屯租养起来的。

可是 1933 年到 1935 年湘西地区连遭天灾,广大的屯田租户交不出屯租,加上往年欠交的,这是一大笔款项。而陈渠珍在交出兵权后,被任命为湘西屯务处处长,就是收租的干活,这是费力不讨好的事情。他的手下 1000 多人被分散到各县收租,闹得不得人心,民怨沸腾,最后形成了声势浩大的"反陈、抗租"运动。其实这次抗租运动并非是针对陈渠珍的,但深具政治智慧的陈渠珍知道这样下去必然会激起民变,所以他干脆来个金蝉脱壳,主动引咎辞去屯务处长一职,彻底退出湘西。1936 年 9 月,陈渠珍携带家眷来到长沙闲居,和前任田应诏一样,手上无一兵一卒,形同软禁。

也正是这段时间,54 岁的他郁愤难禁,追忆当年入藏的经历,写成《艽野尘梦》这一奇书。其实今天人们知道陈渠珍,大都是从这本《艽野尘梦》开始的。这却是陈渠珍万万想不到,这本小书远比他在湘西苦心经营的功业更让他为历史所铭记。事功可以灰飞烟灭,文字却能不朽,孰轻,孰重?

不过陈渠珍不是田应诏,他不是一个贪恋享受、胸无大志的人。他韬光养晦,卧薪尝胆,时刻准备抓住机会东山再起。要知道他的部属遍布湘西各个角落,只要他一呼,仍然是百应。果然,不久,机会就来了。

何键很清楚,虽然他成功地将陈渠珍给搞垮了,但湘西各县的实力派人物仍然不会完全听从自己的摆布,有许多还是陈渠珍原来的老部下和亲信。于是让进入湘西的部队第十五师以"清匪挤枪"为名,让湘西的在野军人交枪(因为那时湘西无论在职还是在野的军官家中有枪都是允许的,称之为保家枪),同时乘机勒索民财。先是将陈渠珍的旧部军官唐世钧以"通匪"（即"通共"）罪名论罪拷打，收缴他的枪，勒索光洋2000元，令老人惨死狱中。

说起来这唐世钧不是一般人物，沈从文在他著名的《凤凰》一文中都提到过，这位仁兄是苗乡中的一霸。当年凤凰城辛亥光复起义时，是他率领苗民攻城，那时龙云飞正是攻城的头号种子选手，沈从文的父亲沈宗嗣则作为凤凰地方上的开明绅士在城中接应。可惜起义军失败了，凤凰周边的苗民当时遭到了报复性的残酷杀戮。按照沈从文的说法，那是苗族为反对清王朝最后一个皇帝所进行的革命事件。民国成立后，唐世钧相继在田应诏和陈渠珍所部的竿军中任职，是竿军中德高望重的将领，如今老人早已厌倦风云，卸职在家纳福。这么一位当地功勋卓著的主儿，如今却被残忍害死，不由得不让其他湘西强人心寒胆战。

离开部队在家赋闲的龙云飞自然也被勒令交枪，一开始龙云飞迫于十五师军队武力的威胁，象征性地交了一些，但通不过，限他要在限定日期内交出存枪600支。龙云飞从军队离开时，确实将原先许多好枪带出来秘密埋藏，这估计也是陈渠珍的意思，以图将来东山再起。但要交出如此多数目的枪恐怕龙云飞也犯难，前面又有唐世钧惨死的例子，情急之下他便跑到长沙避难，去向陈渠珍讨主意。

陈渠珍可谓是深谋远虑，他运用自己的政治智慧看到可以利用苗民抗租革屯的运动。于是本人不出面，让龙云飞等亲信到中央联系何键的对头、中央的陈果夫，同时在湘西则让龙云飞等一干在野湘西军人发动事变、武力倒何。龙云飞依计行事，召集旧部，1937年8月组成湘西抗日革屯救国军，提出了"抗日、革屯、倒何"的口号，风生水起大闹湘西，引得湘西鸡犬不宁。这时候何键的主力全都拉到前线去抗日了，哪里有足够的力量来镇压这些湘西强人呢？

这里必须说明，何键和陈渠珍一样也是一个深受传统文化熏陶的军人。面对国家危亡,他主张积极抗日,民族大义还是放在第一位的。所以当时湘军都拉出去抗日了,留驻的省军实力自然空虚,派出的部队又不堪一击。结果龙云飞把国民党两个团围歼在山江蛤蟆洞荒野,又将凤凰围城5日,围而不攻,大造声势,弄得人心惶惶。中央方面,陈果夫又煽风点火,说何键如何引起民愤。这一番造势让蒋介石也认为何键主湘不力,于是下令撤掉何键,让他去当内政部长,改让张治中将军主政湖南。这就是著名的湘西抗日革屯运动。

何键显然对陈渠珍看走了眼,做梦也想不到陈渠珍凭借遥控指挥,都能将湘西闹得天翻地覆,除了对陈渠珍咬牙切齿,他也无可奈何,只是日后在蒋介石等高官面前说尽了陈渠珍的坏话,这也是陈渠珍日后避难川黔不能回乡长达7年的原因之一。1938年风度儒雅的抗日将军张治中入主湖南,成为一省主席。陈渠珍的命运就此又有了转折。

当时为了适应抗日战局的转移,南京政府决定迁都重庆,同时决定把几个省区的政务重新部署以适应形势。湖南省主席何键既然被调走,前来接任的是此前参加淞沪战役的司令官张治中。此人是蒋介石的八大亲信之一,也是抗日史上著名的爱国将领,在1932年上海"一·二八"战役中曾给日军以沉重打击。他曾是黄埔军校学生,与中共领导人周恩来等都有深情旧谊。新中国成立后,曾任过全国人大常务委员会副委员长,一生为和平奔走,被誉为"和平将军"。

一个将军来任省长,自然是考虑到这时候湖南在抗日战局中的重要军

张治中将军

事地位。但张治中并不想只是苟且偷安地做官，而是想全力以赴，发誓要对湖南3000万人民负责，要"建设一个新时代的湖南"。湘西此时正是糜烂不堪的时候，有人便向张治中推荐陈渠珍，说湘西糜烂非湘西王陈渠珍不能解决。于是张治中召见此时闲居长沙的陈渠珍，发现此人具有耿直忠诚的气质。张治中表达了邀请陈渠珍出山治理湘西的诚意，一开始陈渠珍执意推托，意思是离开了湘西之后，不愿再回到湘西去。但在张治中的一再敦促下，他终于接受了省府的决定。于是陈渠珍再次被委以重任，任省府沅陵行署的首届主任。接到任命的陈渠珍内心会作何感慨呢？换了其他的人经历几度人生的坎坷沉浮，只怕早就已经消沉颓废，偃旗息鼓了，像田应诏不就是如此吗？可是陈渠珍却不会，西藏绝域的生死经历磨砺了他的意志，也虚空了他的胸怀。对于他来说，唯有一样东西能令他至死不渝地追求，那就是作为士人的那种"达则兼济天下"的人格理想。纵观其一生，我们会看到这种超越利益计算的理想主义在陈渠珍的生命中始终占有很重的分量。

却说陈渠珍抵达沅陵当日，沅陵当地有一万多老百姓在沅水两岸夹道欢呼，迎接他的归来，可见在湘西人心目中陈渠珍的地位以及对他主政的期待。而此前的湘西革屯抗日救国军便在茶峒等地被改编为暂六师，由龙云飞任师长，开赴抗日前线打日本鬼子去了。

据说当时的第九战区长官薛岳见暂六师武器很简陋，而且着装很土，头缠丝帕、身穿对襟衣，就是一群临时集结的乡下苗民，一开始心生鄙夷，怕这些乡下苗蛮拼凑成的部队给自己丢脸，有意让暂六师留守后方。听说此事，师长龙云飞怒火中烧，闯进薛岳的司令部，朝正在布置作战的薛岳敬了一个军礼，吼嚷道："报告长官，我龙云飞倘若只和小日本打了个平手，回来后你拿女人的月经带涮我的嘴吧！"薛岳和当时在座的高级将领都被龙云飞的抗日激情和凛然豪气所震撼，于是他们重新部署，把暂六师派上火线，结果杀得日军人仰马翻，打出了湘西人的威风。日军攻打长沙时，暂六师驻守株洲，牵制了由长沙东下的日军，为第一次长沙会战的胜利创造了条件。

那龙云飞的结局怎样呢？一贯排除异己的蒋介石并不能容许这支骁勇的苗军独树一帜，下令改编暂六师。1941年，龙被调任第九战区长官司令部少将参议，从此失去兵权，闲住沅陵。1949年返回总兵营，赋闲在家。

但到了1950年，龙云飞并未看清当前局势，受其儿子龙膏如和美蒋特务陈靖雄的怂恿和蒙骗，在山江抢劫公粮，破坏交通，残杀解放军和工作队，并拒绝向人民政府投诚，走上了一条逆历史潮流反动的不归路。

1951年，沅陵军分区司令部遂布告群众，缉拿匪首龙云飞、龙膏如等归案，龙云飞在极度绝望下，朝自己肚腹连开6枪，自绝于人民。这个竿军中的最后一个大佬，头颅被割下来悬挂在他年轻时曾攻打过的凤凰古城楼上。是时65岁。

说英雄，道英雄，识时务者才是英雄。龙云飞一旦离开了陈渠珍，他就看不清方向，他没能像他的上司陈渠珍那样与共产党合作和平起义，而是逆潮流而动，避走山林，以"土匪"身份，死在了解放军大搜山的过程中，以悲剧结束了一生。所以薛岳说他是"一介武夫"倒也没冤枉他，他有勇无谋，晚节难保，留下了为匪的历史罪名。直到今天凤凰山江，这个苗族风情浓郁的地方，还流传着游侠龙云飞一生的传奇故事。

却说1938年主政湖南的张治中将军有儒将之风度，能对陈渠珍加以重用，对被何键雪藏在长沙的陈渠珍有知遇之恩，所以他二度出山，1938年接受了湘西沅陵行署主任一职，在湘西又开始大展拳脚。

陈渠珍踌躇满志，先是打出"团结一致，抗日救国，建设新湘西"的口号，收编游杂部队，结果不费一枪一弹，不伤一兵一卒，一举就收编了232个大小武装集团两万多人和枪，安定了湘西，"湘西王"名不虚传。为此有人向张治中表示了担心，陈渠珍在湘西势力如此之深，有了军权之后，会不会又割据一方。张治中真是襟怀磊落，大度儒雅。他笑着说，这有什么好怕的，他真能把湘西搞得安稳，我就助他当个真正的湘西王。战事不利时，我们也有一个好后方，何乐而不为？

陈渠珍视张治中有知遇之恩，到任之后便格外卖力，他收编了湘西的游杂部队后，又亲自出马剿匪，这是以前从来不曾有过的，在过去，都是他的部下出马搞定，根本无需他亲自操刀。湘西王自然不是浪得虚名，他所到之处，土匪都望风而逃，快刀斩乱麻，芷江、洪江两地迅速安定下来。不久他又移驻安江，致力于肃清辰溪、溆浦等地的土匪。闻说云南龙云所辖部队开往前线抗日的物资被湘西土匪劫夺，又听说有抢劫宋教仁烈士家属的土匪，这还了得，这些有损湘西名誉的恶劣行为把陈渠珍气坏了。盛怒之下，当即派自己最得力的手下前去剿办，捉拿了凶犯之后电令一律处决。在初步平息匪患的基础上，陈渠珍进一步又提出了一个开发建设新湘西的方案，并且开始逐步实施起来。

这真是个执着而又认真，对建设湘西永远都充满了热情的老头儿。

据史料记载：陈渠珍这一年中为湘西地方做的实事有：

派勘探队到会同、溆浦、桑植、沅陵等地探矿；派谭天培到洪江办纸厂；派朱鹤楼、向敦五到凤凰、乾城办纱厂；派黄其镇到麻阳办糖厂；派熊兰波管理畜牧、园艺方面的实验；派杨文衡负责煮酒造酱；从湘潭聘请技术员办沼气池点灯照明；在沅陵办中学、油漆学校各一所；在乾城、永顺、芷江等地创办师范学校；亲自编写《植棉浅说》……

还值得一提的是,陈渠珍在湘西积极组织抗日宣传活动。他担任湘西绥靖主任期间,湘西的抗日救亡运动开展得轰轰烈烈。当时湘西有很多共产党员办的书店,销售大量红色书籍。陈渠珍采取熟视无睹、任其泛滥的态度。有人为他担心,提醒他:"这是共产党的书店。"他怎么回答的呢?他说:"书店还有什么党派,卖书就是好事,书嘛,开卷有益!"他对于共产党的活动采取十分"宽容"的政策,也令湘西的党组织力量得到了发展壮大。

就这样,陈渠珍忙活了近一年的时间,湘西又见起色。可惜他时运不济,因"文夕大火",长沙城被烧,张治中将军引咎辞职,之后薛岳继任湖南省主席,对陈渠珍却颇为疑忌。那么陈渠珍还能继续他的建设湘西的理想吗?

1938年国民党采用焦土政策对付日寇,结果导致长沙的"文夕大火",熊熊大火烧掉了2000多年城址不变的古城长沙,也烧掉了陈渠珍建设新湘西的梦。因"文夕大火",张治中将军被蒋介石撤职,之后为薛岳继任。没有了张治中的支持,陈渠珍这个湘西绥靖公署主任的位子就坐不稳了。而新上任的薛岳因来之前,已经知道何键主湘期间吃过陈渠珍的大亏,故对他十分疑忌。为此,了解陈渠珍的张治中多方设法,引荐他去重庆面见一干高官,希望能得到中央的支持。可是结果如何呢?

第十二章 几番风雨

陈渠珍以知天命的年纪,一个有着湘西人犟脾气的土包子,要他去重庆向这些比他年纪都小、资历又浅的高官去跑官要官,真是难为了他。恐怕这对他来说,痛苦不亚于在大漠上的艰难。何况士人的傲骨也让他不习惯弯下自己的脊梁,低下自己的头颅。这种狷介刚直的个性通过他与蒋介石等国民党高官的来往便可一目了然,湘西人特有的犟劲儿体现无遗。

　　陈渠珍一生只在湖南和川藏待过,这确实局限了他的眼光和视野。他的保守性与此也不无关系。1938年陈渠珍在武汉见过蒋介石一次。当时随着抗战时局的变化,国民政府迁址武汉,并将进一步迁往重庆,作为川黔屏障的湘西就具有了更重要的战略地位。蒋介石通过当时的湖南省政府主席张治中得知陈渠珍在湘西地方上的影响力,希图利用他来巩固湘西这道可能成为抗日前沿的防线,于是电召陈渠珍到武汉一见。

　　陈渠珍兴冲冲拿着张治中的亲笔介绍信前去谒见委员长,这是他生平第一次见到蒋介石。不料蒋介石见到他只是三言两语,居高临下说了一套国府要迁重庆,湘西就成了西南大门,地位极为重要,你过去干得不错,今后更要好好干等例行公事的话,不等陈渠珍有所表示,就翩然而去。此等官场应酬让这个性情高傲的凤凰人很不舒坦,自尊心大受伤害。当时他愤然取消了拜见陈果夫、张群、何应钦、陈诚等人的计划,立时回了湖南,取出那一叠不曾派得用场的介绍信还给张治中说:"委员长待人太轻侮,我有点受不了,别的大人物我也不想见了。"张治中闻说吃惊道:"多少著名人物欲求蒋一面而不得,他能接见你而且勉励你,就可谓特别了。"陈渠珍以沉默表示不以为然,张治中叹气说,"你毕竟带有几分山野土气呀。"对这样的评语,陈渠珍并不觉得刺耳,虽然他并非不知道"得低头时须低头,得弯腰时且弯腰"是官场上的金科玉律,可一旦自尊心受到伤害,他会被个性的本能驱使,什么都不管不顾。

　　1939年,与陈渠珍私交甚笃的张治中见他受到继任湖南省主席薛岳的排挤,又特别安排他去重庆会见当时的国民政府军事委员会政治部部长陈诚,以期改善他的处境,政治部部长管的是军事干部的选拔任用嘛。因张治中深知陈渠珍个性耿直高傲,而陈诚当时在国民党政府中也是炙手可热以傲慢出了名的人物,故事先特别嘱咐他对蒋委员长的这位红人要谦恭一点,奉承几句。结果呢?没想到陈渠珍在宴会上竟然一句奉承的话都不肯说,有时还有意无意针对陈诚的狂妄露出轻慢的表情。

张治中看在眼里急在心里,频频在桌子下边踩陈渠珍的脚尖,可陈渠珍还是我行我素。宴会后,张治中埋怨陈渠珍说:"你这个人怎么一句客套话也舍不得讲?就是字字珠玑也要吐几颗嘛,不然怎么求他通融?"接着又建议陈渠珍回访陈诚,补救一下。陈渠珍婉拒了张治中的建议,说:"我的年龄到底比他大许多,为一官半职乞求于他,太不像样子。"张治中听了暗暗叫苦,早知陈渠珍如此心高气傲,就不该安排他与陈诚见面,这下说不定没帮上忙,反而给了陈诚不好的印象,弄巧成拙。果然,后来陈诚不但不成全陈渠珍,反而指责陈渠珍曾在湘西"养匪纵匪,放匪收匪",使蒋介石险些下令将陈渠珍处决。

陈渠珍见过陈诚后心情本已十分郁闷,他住在重庆的相国寺,这天居然有人亲自登门拜访。来的是谁呢?湖南老乡沅陵人周佛海。周佛海来干什么,你懂的。当时陈渠珍气不打一处来,心想人背时,连汉奸都找上门来。周佛海拉陈渠珍入伙,陈渠珍严词拒绝,说:"你没有读过文天祥的《正气歌》吗?"

过了些时候,张治中通知陈渠珍说,委座听说他要回湘西,准备再次召见他。陈渠珍听后不但不肯去,反而对张治中说:"宁为庶民,也不折腰为官。"张治中暗中佩服这个凤凰人的骨气,口中也不得不劝说道:"玉鍪先生个性太刚。"接着笑说:"请先生稍柔些。"陈渠珍事后却对友人说,"蒋介石的住房里有许多狗洞,我就是不能丧失人格去钻上一钻,求个一官半职。"

这期间,陈诚和薛岳向蒋介石反映多人举报湘西王老谋深算,养匪纵匪,尤其与贺龙暗中有勾结,以致湖南共产党活动猖獗。蒋介石很是

第十二章 几番风雨

· 143 ·

恼火，要立斩陈渠珍。所幸贺贵严与张治中帮陈渠珍说话，才有所挽回。最后蒋介石命令将陈渠珍软禁，不准其再回湘西弄枪杆子。陈渠珍将何去何从呢？

1939年陈渠珍怀着满腔的凄楚怨愤，拖家带口离开了湘西，来到南川避难。南川素有"黔蜀喉襟、巴渝险要"之称，是黔北通往重庆的门户。陈渠珍的母亲是南川人，陈渠珍还有亲戚在这里，颇有照应。所以他在这里暂时定居下来，开始在这里长达5年的流放生活。从1939年到1944年陈渠珍一直处于软禁状态，过着造机纺织、笺书训子的生活。为了一年的出山，落得七年如丧家之犬的流浪，有家也不能回，令陈渠珍对于政治是彻底地心灰意冷。

1942年的元旦，南川这个与湘西毗邻的小城在零星的爆竹声中迎来了新的一年，由于夜里忽然降雪，第二天遥遥远山已是山舞银蛇。纺织厂的工人们昨夜都在守岁，围炉坐到黎明时候才睡。所以早上没有一个人起床，只有一个花甲之年的老人独坐小楼之上挥毫。这就是避难南川的陈渠珍，他正在干什么呢？在写日记。算起来，此时离他入川避难已有3年了。来川之前，贺贵严嘱咐陈渠珍，要他自甘寂寞，凡事小心，莫谈国事。在南川，一开始也经常有特务在他家附近紧密监视着。陈渠珍谨记贺贵严的嘱咐，踏踏实实做事，小小心心做人，甚至他的日记和来往书信都有表明心迹的意思，表明自己甘于淡泊，无心问政。

在被放逐的日子里，陈渠珍并不因为流放而沮丧颓唐，生命的无常、人生的起落对他来说已经司空见惯，无论在怎样困厄的境地中他都能振奋而起，只因为他曾经站到过世界最高的雪域，看到过人生最低处的惨相，与那些不堪回首的绝域经历相比，眼前的一切又算得了什么呢？既然不能达则兼济天下，那就独善其身吧。

陈渠珍以素有的那份执着与专注，开始做另一件事情，那就是钻研机械。这看起来和他为政治军太风马牛不相及了，他为什么专注于这件事呢？

这是由于儿女妻妾一家子共有10余人，衣食都有赖经营，陈渠珍此刻处于生活高压中。终日心力交瘁于开门七件事——柴米油盐酱醋茶。卖棉织布、制毛帽，弹棉花，无不亲力为之。

陈渠珍这个人与传统士人有一个很大的区别，他并非那种只讲心性修养、谈玄说理的士人。湖湘之学的经世致用也许对近代湘西的士人有深刻影响，他的老乡前辈熊希龄也是一个重实学能经济的知识分子。陈渠珍自己对于机械制造和实业颇有天赋。在湘西自治时，他创办实业、发展经济就搞得有声有色。如今也是为了谋生所迫，他办了一个"三一棉毛纺织厂"，钻研农业机械设备的改进，先后造出"三一"纺织机、新式弹棉花机、灌田机，大大提高了工效。

有意思的是，陈渠珍所办的所有实业，名字都为"三一"，现在的著名企业"三一重工"也叫"三一"，不知是不是受到陈渠珍的启发。为什么都叫"三一"呢？这"三一"的意思有两种解释，一是三教合一的意思，即将"儒、释、道"三教合一；另外一种意思是儒家所说三达德——"知、仁、勇"，因陈渠珍说过，这三达道实则都指向一道，即"仁"，一切的有为与实践目的都是指向那个儒家的最高理想——"仁"。我倾向于陈渠珍取的是后一种含义。不过无论是哪一种意思，都说明陈渠珍的传统文化情结之深厚。

经他亲手改进的纺织机，一次能纺出10多根纱，比手工纺纱功效要高出10多倍。他还被邀请在重庆、成都举办产品展览，在产品展览会上居然还与曾经的对手贵州军阀王家烈相遇，此时两个曾经手握雄兵如今却远离江湖的老人相见，只有唏嘘不已。

第十二章 几番风雨

他笺书训子,每天教自己的两个儿子习读经史子集。闲时携子去桥上观鱼或压马路,一家人经常围炉夜话。曾经戎马生涯的他难得地有时间享受儿女绕膝的天伦之乐。

陈渠珍在南川时对于儒家思想、经史子集有着更为浓厚和坚定的兴趣,他一边教儿子习读各类经史,一方面在日记中写下自己的感悟心得。如读《中庸》则留下了关于"哀公问政"一章的笔记,对修身治国颇有他的独特见解。但若用两个字来说明他从儒家经典中悟到的核心价值理念,那就是——"行仁"。在他看来,修道须以仁,治国须以仁,"知、仁、勇"三达德,实则也是仁道。此刻的他拥有的是完全的士人情怀,似乎只有沉浸到博大精深的传统文化中去,那些典经制度、诗书礼乐才可以安顿他那颗乱世之中如浮萍飘絮的心。

一次,他在日记里记到,在半夜起床小解时,推窗外望,则见"溪桥涵影,山川如画,四顾寂然,明月在天,至足乐也"。

又有一次,晚上睡不着时,他起床,只见"月色犹明,照耀山溪,清辉可爱",于是他伴着月色,读起《朱子》来。

身处逆境,他依然能感受到天地大美,那该是怎样的一种心境和情怀!他写道:"半生辛苦,结果如斯,自笑亦自喜也。"如果没有足够通达的智慧,如何能在一生的艰难坎坷之后有这样的感悟呢?我想起《论语》当中的一段。一天孔夫子感叹:"没有人了解我啊!"他的学生子贡就问:"怎么说没人了解您呢?"孔子就说了一句话:"不怨天,不尤人;下学而上达。知我者其天乎!"什么意思呢?就是说做人呢,不要埋怨上天给的命运,不要遇到挫折就怨恨别人,下学人事而上达天命,以此获得人生的真谛。了解我的还有苍天啊!此刻的陈渠珍不正有这种不怨天尤人,下学而上达的人生态度吗?

在避难期间,陈渠珍远离金戈铁马的生活,确实逐渐回归到一种士人状态，他甚至觉得从军耽误了他读书，若从事学问，他的成就会更大。在研读经史时，他甚至有了来日要将儒家经典择其要点进行笺注的宏愿。他在日记中写到：

予入川时即下最大决心，必求身死之后，有不死之精神，不与此身而俱埋黄壤。故除殚心著述垂诸久远而外，更究心纺织，精研机械，所幸有志竟成。纺织既有不少之新发明，而机械更有新兴之创作。（陈渠珍日记，1944年1月1日）

一个花甲之年的老人，含饴弄孙的年纪，却埋头孜孜于"殚心著述"、"精研机械"，求"不死之精神"，这样的精神本身就已经足够成为无数人的楷模了。陈渠珍就这样在南川生活了6年，后又辗转来到贵州印江待了一段时间。直到1945年9月薛岳离开湖南，他才得以在近7年后重回故乡凤凰。此时的凤凰是一番什么景象呢？陈渠珍又将面临怎样的人生呢？

第十二章　几番风雨

第十三章 侠骨仁心

陈渠珍被流放在外 7 年，1945 年 11 月终于得以回到故乡凤凰。"昔我往矣，杨柳依依，今我来思，雨雪霏霏。"虽然山河破碎，家园凋零，陈渠珍仍以惊人的毅力重建家园，昔日湘西王，如今一布衣，自力更生，活出骨气。要不是 1949 年湘西沅陵兵工厂遭劫，群魔乱舞，陈渠珍是不会再过问政治的。他重出江湖，收拾河山，并且欣然配合解放军，和平解放湘西。

1945 年农历十月的凤凰，重阳节已过，7 年后重回故土的陈渠珍一路上看到战后的村舍萧索凋零，人民衣衫褴褛，神情苦楚，又联想到自己流浪异乡 7 年，如今两鬓飞霜，不禁想起明末爱国诗人文天祥的诗《过零丁洋》"山河破碎风飘絮，身世浮沉雨打萍"之句，个人的苦难与国家的苦难连成了一体，唯有以袖拭泪，叹息不已。但英雄暮年，壮心不已。看看这段时间陈渠珍自己写的诗就知道：

　　锦绣河山虽已碎，兴亡事业未卜中。
　　倚栏纵目穷千里，慷慨悲歌壮士雄。

他的腰杆还是那么笔直，他与人说话时眼睛仍然熠熠生辉，他的步履依然那么稳健有力。他虽然不再是那个手握重兵的湘西王，解甲归田，他靠自食其力继续活出了自己的尊严。

回到凤凰后,他继续操持旧业,变卖田产,在北门外安装了4部水力弹花机,办了几家小型的纺纱厂、织布厂以及牛毛帽子厂,让家人一起弹棉花、弹牛毛,纺棉线,纺牛毛线,织棉布,织牛毛呢,做牛毛毡、编牛毛帽等,以增加家庭收入。还借了一块地种植棉花,昔日湘西王带着妻妾儿女们到棉花地里锄草、除虫,采摘棉花,颇有陶渊明那种"晨兴理荒秽,带月荷锄归"的隐者之风,成为凤凰城里一道风景。而在内心之中,他对于政治仕途已经心如枯木,当别人纷纷劝他出山任职时,他一一拒绝,告诉这些希望他出山的人,我不做大哥已经很多年了,自言:"对时局徒有悲观,对事业早已绝望,对政治则毫无兴趣,对军事则有类谈虎……"

回到凤凰后,陈渠珍遭遇了一件极为伤痛的事情,他最疼爱的7岁小女陈元卉早夭。陈渠珍写了一篇长达千余言的祭文,在幼女墓前祭奠,一边宣读祭文,一边放声大哭。这篇悼念亡女的文章堪比韩愈的《祭十二郎文》、明代大文学家归有光的《项脊轩志》。祭文中记载了聪慧的小女儿生活中与老父亲心心相印的点点滴滴,极为感人。例如,回到凤凰后,陈渠珍依然继续办厂卖他改进后的农机。他到城外金家园去装水力弹花机,那里离家有三里多路,来回自然辛苦。为解路上寂寞,他每次去都一定带上卉儿。一日卉儿与六弟弟正玩得很高兴,就不想去。她母亲附在她耳边说:"父亲老了,你若不同往,谁给他做伴?"聪慧可爱的小姑娘立即应声而起,牵着老父亲的衣服随行。看到这里,让人忍不住眼热。

第十三章 侠骨仁心

正所谓言有尽而情不可终,伤心之人其实别有怀抱。无论是大漠中的藏女西原还是避难南川时的女儿元卉都是陈渠珍颠沛流离生活中的暗夜之灯,温暖了他被坚硬的苦难深深压抑掩盖起来的心灵。上天对陈渠珍何其眷顾,在他最艰难的时候都让一个女子为他带来慰藉,然而上天又何其无情,在他走出困境时就将她们断然又收回,让人唏嘘不已。

陈渠珍写到失去爱女的惨痛之情:

犹忆数年来,儿随予寝,予每中夜醒,必亲为理被。儿死三日之夜,予睡梦初醒,竟忘而死,犹为理被如故,及探之无有,始恍然惊起,抚故枕而心伤,缅往事而泪下。

比他早一年出生的鲁迅先生,是现代文化思想界的斗士,披肝沥胆,笔战群小,然而面对自己48岁才得的爱子,也露出慈父的一片柔情,写出"无情未必真豪杰,怜子如何不丈夫"之句。此一句,用在65岁的陈渠珍身上实在是太恰切了。他刻意著文的时候极少,一生因情而写文章,一是《艽野尘梦》,一是《祭亡女元卉》,所写的两个故去的女性,一位是他的爱姬,一位是他的爱女,文章都是情深彻骨,皆为可以传世而不朽的佳作,从中可见陈渠珍的内心深处,那铁骨铮铮之下一段至情至性的柔肠。

难道陈渠珍就以这种方式谢幕湘西的政治舞台吗?没有,作为湘西王的陈渠珍还有最后一次出山,这次是什么原因导致他违背了先前的誓愿呢?

1949年8月,解放军攻占湘北各地,国民党守将程潜、陈明仁起义投诚,宣布湖南和平解放。在新的形势逼迫下,白崇禧、宋希濂等各战区长官都希图以湘西为屏障,建立西南防共阵线,一时湘西地位再度变得十分重要,以陈渠珍在湘西一呼百应的影响力,他自然成了各派争取的对象。并有不可靠的小道消息流传,陈渠珍已被推荐为代理湖南省主席。陈渠珍对此一概不理,婉言谢绝。

如果不是1949年湘西爆发了震惊全国的"三·二"事变,群魔当道，土匪们血洗沅陵，把怀化辰溪的兵工厂都给劫了，如果不是辰溪大土匪张玉琳扬言要杀掉陈渠珍替父兄报仇（张玉琳的父亲和哥哥都是土匪，20世纪30年代被陈渠珍处决），陈渠珍是不想第三次出山的。

当时因内战全面爆发，第十七绥靖区司令部命令湘西各县的武装改编为"戡乱建国大队"，以扩充反共实力。可是永顺县警察局局长曹振亚、桑植县驻守的省保安团第十团团长汪援华等人均是被收编的匪首，他们根本不愿意交出人马枪支，索性联合湘西各县武装头目起兵。结果3月2日，众土匪攻陷沅陵，在城内烧杀淫掠，兽行令人发指，造成震惊全国的"三·二"湘西事变。不仅如此，专署保安大队长张玉琳在辰溪镇守兵工厂，他却监守自盗，暗中联合湘西各路匪首，把兵工厂的武器弹药给劫夺了。有了枪弹人马，张玉琳底气足了，便跟此时一介布衣的陈渠珍叫板，扬言要替父兄报仇，致信陈渠珍，声称要血洗凤凰。

听到这消息，陈渠珍是又惊又怒。虽然他已经廉颇老矣，但是锐气不减，湘西王的余威仍在。估计他心里想，我当年出来混的时候，你们这些人还穿着开裆裤呢。历经晚清、北洋政府、国民党三朝，看尽人间沧桑世变的陈渠珍出于自救以救地方的目的，接受了1949年6月5日湖南省政府的任命，担任了沅陵行署主任。他以他素有的干练快刀斩乱麻地将各路游杂、土匪部队加以收编整合，这样湘西紊乱不堪的局面才得以缓和下来。

即使如此，当蒋介石托人带来信件，要陈渠珍"戡乱建国，共图中兴"，他仍然不买蒋介石的账，看信后说："我决不给蒋介石送葬。"反而是共产党的使者，他曾经的部下、贺龙的表弟（后因贺龙案遭到迫害，自杀身亡）王尚质代表解放军第二野战军来争取他时，他十分欢迎和配合。然而，他依然纠结于一个问题，就是中国自有传统之道，共产主义到底合不合中国的国情呢？这个问题在当时自然被轻而易举地解

第十三章 侠骨仁心

答，所有的共产党人都可以告诉他，马克思主义、共产主义才是真正唯物的，符合科学，符合潮流的。孔子儒家的那一套是唯心的，是落后过时守旧的。

这个关于传统与现代的文化冲突问题也许在陈渠珍内心并不那么容易被说服，但摆在眼前的现实很容易说服陈渠珍决定取舍，他是审时度势的智慧者。在与王尚质的恳谈之后，尤其是他的电台收听到1949年10月1日毛主席在北京天安门城楼向世界的庄严宣布，陈渠珍不再迟疑，决定起义。

他在给中国人民解放军四十七军联络部长顾凌申的复信中诚恳写道："七十老翁何所希冀，从此得为解放区自有幸福之人民，于愿足矣。"当年风云一时的湘西王临到晚年，已经看淡风云，心如止水，只想平平静静做一个普通老百姓，安度自己的晚年。

至此，湘西王的传奇就画上了一个历史性的句号。从此，他将不再是那个叱咤风云的湘西王，不再是晚清戍边军官、边地军阀、地方统领官、老师长……而只是新中国的一名普通老百姓。

还有一件值得一提的事情，就是1950年，陈渠珍作为特邀人士赴京参加全国政治协商会议首届二次会议。这是他有生以来第一次去北京。他亲眼见证了一个新中国的勃勃生气，感到无比的激动。他受到毛泽东、周恩来的接见，这是他做梦也没有想到的殊荣。他还见到了当年的故人，有张治中，有贺龙。会议结束后，毛主席召见了陈渠珍。毛主席文雅和蔼，向陈渠珍敬茶，对陈渠珍说："先生是湘西人，湘西兄弟民族很多，你回去时给我带一点礼物，就是新式农具，送给兄弟民族，并代我向大家问好。"这自然让我们会想起当年陈渠珍与蒋介石不愉快的见面。

他的旧部贺龙也去下榻饭店看望老上司，多年过去，乾坤颠倒，陈渠珍见到贺龙时一改心高气傲常态，拉着贺龙的手直呼"云卿云卿"，一时激动得声音颤抖，不知所云。贺龙说，我参加革命后，就一直干下去，从不回头。又说，我几次劝你出来，你就是舍不得丢掉你的坛坛罐罐，如果你当时能够出来，不知湘西要出多少干部。陈渠珍说，我没有你那份胆量和气魄，湘西，我生于斯，长于斯，好像我的老母亲一样，我舍不得离开她。也怕别人把湘西搞乱，使父老姊妹遭受罪难。有几次，我也想派些人来跟你干，总因为内中认识不一致，总是没有实现，其中甘苦，一言难尽。

当时解放军正筹划进藏，其间贺龙与刘伯承还专门向陈渠珍询问有关西藏的事，临走时贺龙、刘伯承还向他要了《艽野尘梦》。

可以想见这一切新气象对于陈渠珍思想和心灵的冲击，他感受到了国家和民族的希望，也正是从这里开始他对自己的思想信念开始动摇和怀疑，在他1951年所写的自传中他谈到了这个问题，认识到"礼运大同"之梦之所以不能实现，是因为人民生活在层层压迫剥削之下。人民只有脱离被压迫剥削的羁绊才能得到自由幸福，而那些官僚资本、地主豪富阶级在社会上已经有根深蒂固的基础，要想打倒他们，不能不用革命手段。

我相信这是陈渠珍对于共产主义的真诚理解，正如当年无数文化精英走入新时代时对新政权的无限热情和真诚一样，是不容置疑的，没有共产党就没有新中国，也没有恍如隔世重生的陈渠珍。陈渠珍在自己的自传结尾中诚恳写道：

政府对我本宽大之怀，不咎既往，还复优加擢用，更使我不知怎样才能图报。我想我已是七十多岁的人了，虽想尽力协助政府为人民服务，但年事已衰，学习不够，实在力不从心，好在有儿女七个，三个在参加学习，四个在机关服务，我只好切嘱诸儿女自今以后须努力工作，

第十三章 侠骨仁心

赎我罪过，报答人民。

1952年2月，一个春寒料峭的深夜，在长沙麻园岭的一座不太起眼的民居里，一个被疾病折磨得奄奄一息的老人行将就木，身边围着他的几位夫人和子女，最年轻的夫人不过30多岁。在一片悲伤的抽泣声中，无法发声的老人用枯瘦的手指指了指身边的笔。在递过来的本子上，老人用颤抖的手慢慢写下了几个字迹虽然潦草却依然见得气势雄健的字：审时度势知雄守雌。这是他留给后人的最后遗言。写完后他似乎用尽了所有

新中国成立后陈渠珍

的气力，缓缓闭上那双阅尽人世沧桑忧患的昏花老眼，曾经，那双眼睛是那么的犀利、睿智和威严。这个形容枯槁的老人就是曾经风云一时，影响"民国"湘西政局数十年之久号称湘西王的陈渠珍。时年71岁，因患喉疾，于这一年的2月8日病故于长沙麻园岭旧居，葬于长沙市南郊干部山。死时，他身为新中国第一任湖南省人民政府委员，而且是由毛主席亲作批示担任的。

据说，新中国成立初期，有关部门曾请示中央如何处理他的问题，毛主席看过陈渠珍的材料后特别在电报稿上批示："陈渠珍是湖南省人民政府委员，对他的处理应取慎重态度，不要轻率处理使我们陷入被动。"这是陈渠珍自己所不知道的。

从一个曾和共产党为敌、号令无数湘西强人的湘西王，最后成为新中国人民政府的委员。"审时度势，知雄守雌"，这八个字确实不简单，它包含了陈渠珍终其一生的处世哲学。这哲学令陈渠珍走过了晚清坎坷的军旅之路，撑过了被国民党嫡系排挤冷落必欲除之的危难，又在共产

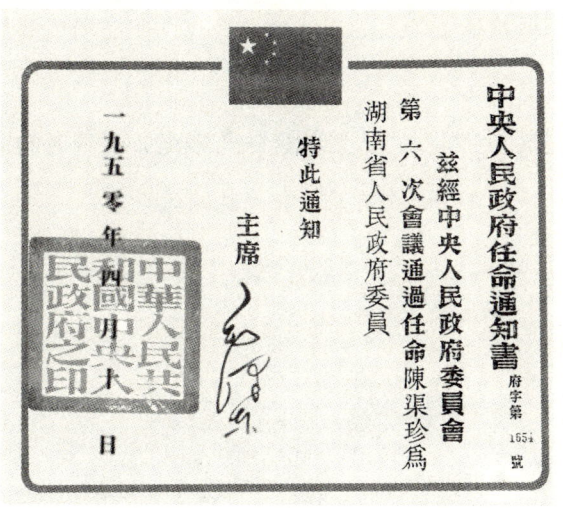

新中国成立后湖南省政府委员委任状

党和国民党之间作出了明智选择得以安全着陆。

最后我需要对陈渠珍作出我的历史评价,不过尽管我有这么多资料和讲述作为支撑,它还是只能代表我个人的观点。

沈从文曾经对湘西地方的民众状态进行了描写,让我们看到面对时代转型来临的湘西地方的落后与愚昧,也由此能更深刻地体会到陈渠珍努力大倡自治、发展教育的意义所在。在沈从文的描述下,民国初年迎来光复的湘西凤凰依然处于愚昧和野蛮、天真和纯朴交织的状态。

本是城内绅士和革命党人暗中约定的光复起义,事情败露后,被杀的却是稀里糊涂的乡民。"每天捉来的人既有一百两百,差不多全是四乡的农民,既不能全部开释,也不应全部杀头,因此选择的手续,便委托了本地人民所敬信的天王。把犯人牵到天王庙大殿前院坪里,在神前掷筊,一仰一覆的顺筊,开释,双仰的阳筊,开释,双覆的阴筊,杀头。生死取决于一掷,应死的自己向左走去,该活的自己向右走去。"(沈从文《辛亥革命的一课》)

乡民们靠在神前掷筊来决定生死,领死的居然也默然承受。当地的孩子们更以那些被砍下的人头当球踢为游戏，在刑场边数尸体为竞赛来比眼力。

死者的糊涂与悲惨，杀人者的愚昧与残酷，观看者的把玩与消遣被并置在一起构成太阳下最奇异悲凉和愚昧的风景。

今天凤凰城的三王庙（天王庙）

要改变一个仿佛在时间流逝中静止的民族何其难也，要让他们面对生存和发展的意识和精神发生改变又是多么的难！然而不管有多么难，陈渠珍都勇于实践，用湖湘精神中经世致用、敢为人先的精神去努力，你可以认为他是和风车作战的堂吉诃德，认为他是不顾干渴狂追烈日的夸父，也可以在西西弗斯这位不知疲倦地将重新滑下山坡的巨石推上山顶的古希腊神话英雄的身上看到他的影子。

在希腊神话中，西西弗斯是个荒谬的英雄。他藐视神明，仇恨死亡，对生活充满激情。诸神为了惩罚西西

西西弗斯

弗斯，要求他把一块巨石推上山顶，而由于那巨石太重了，每每未上山顶就又滚下山去，前功尽弃，于是他就不断重复、永无止境地做这件事——诸神认为再也没有比进行这种无效无望的劳动更为严厉的惩罚了。西西弗斯的生命就在这样一件无效又无望的劳作当中慢慢消耗殆尽。这是西西弗斯为了对大地的无限热爱而必须付出的代价。

在我看来，沈从文和陈渠珍之所以堪称凤凰男，就是因为他们分别以文学想象和政治实践在努力探索和重塑一种时代转型中的湘西精神，一种与时俱进、能在新的时代求得生存和发展的民族精神，因此他们是这样的值得我们加以礼敬。沈从文呼唤"优美的人性"，陈渠珍则立足"良心"，倡扬以"利人利己"作为现实人性的道德准则。

他像堂吉诃德一样，在黄钟毁弃、瓦釜雷鸣的时代，还做着礼运大同的梦。在一个没有了士人的时代，还抱着士人的理想。

他以湘西为本位，不离不弃守护的不仅仅是湘西这一片热土，还有传统文化的精神——"仁"、"忠"、"礼"、"孝"、"慈"、"良知"、"荣誉"等人生的信仰与价值。他以民国时期中国最后一支古老地方兵团的力量守护着这些传统文化的精神和理想，虽然那只不过是一个脆薄、虚幻、苍白如纸的梦。

在内心中，陈渠珍非常厌恶军阀混战，鄙视那些争权夺利、以百姓生灵涂炭为筹码的军阀。他相信传统文化的力量，他曾经在赵尔丰的川边改革中亲眼见到这种力量对于民众的教化，对于地方的影响。所以他希望在湘西这片同为边地的故土和乡亲通过建设和发展能有更好的生活。他终其一生以"仁"为生命的信仰，又以勇者的态度和决心来行此"仁"，他是真君子，也是大丈夫。

孟子曾经给"大丈夫"下过这样的定义：

居天下之广居,立天下之正位,行天下之大道;得志与民由之,不得志独行其道;富贵不能淫,贫贱不能移,威武不能屈,此之谓大丈夫。

善养浩然之气的大丈夫居于天地之间,行得正站得直,做的事情都合乎正义,能实现志向就和老百姓一起干,不能实现时就独自一人坚守理想,这就是大丈夫所为。明清之交的大思想家黄宗羲也说过:

大丈夫行事,论是非,不论利害;论顺逆,不论成败;论万世,不论一生。

说大丈夫为人处世是不计较利害,不论成败的,也不仅仅只在乎活着的这一辈子,而是在乎一切是否合乎正义是非,是否能功业千秋,万世不朽。

陈渠珍以自己的一生践行了前辈大儒们对"大丈夫"的定义。他在南川避难所写的日记中表明自己"必求身死之后,有不死之精神,不与此身而俱埋黄壤",所谓的"求不死之精神"不正是"不论一生"的写照吗?

士人的知识结构和价值观决定了陈渠珍对人生的选择。南川、印江数年的软禁生活中他笺书训子,造机纺纱,自食其力,更是体现了一个穷则独善其身的士人的风骨,尽管远处江湖,但他的日记中皆为黍离之悲、家国之叹,诚可贵也。

陈渠珍无疑具有对传统文化的信仰,而且也具有这种依据传统文化精神所建立的特定人格,因为这种信仰和人格,他成功了,又因为这种信仰和人格他也失败了。

由陈渠珍我想到他的偶像曾国藩,曾国藩的确是中国传统文化冶炼出来的典型人物,他有着完美的传统士人人格,他身上携带的宽厚、智慧、诚实的品质,是"仁"的集中体现。曾国藩可以说是中国精英文化的一个集大成者,一个谦谦君子。在他身上,充分体现了儒家的王道,体现了中国传统知识分子对修身齐家治国平天下的理想的孜孜追求。

从陈渠珍的行为范式、思想倾向以及价值理念中不难看到对曾国藩的效仿,尤其是他重实践的品格可以说是贯穿了一生,说他是以曾国藩为代表的湖湘文化精神在民国时期的一位传承者当不为过。曾国藩其实是陈渠珍的一面镜子,和曾国藩一样,陈渠珍渴望的不是逐鹿天下,成就霸业,那不是士人的梦想。他梦想的是传统的"齐家治国平天下"的价值观,是实现平治天下的王道。

曾国藩

然而20世纪初期的中国,面临的是两千年传统政治结构崩溃、传统价值崩毁的时代。一个失去了文化规范的民族,应对现代化的来临,要重建文化秩序而又没有可以拿来的合适的文化资源,只知一味地保守必然会遭遇失败。陈渠珍的悲剧就在于他完全以"中学为体、西学为用"的思维方式对边地经济、政治、文化进行治理,并不能够适应以商品经济为基础的现代化社会的来临。也就是说他对传统的坚守正是他最悲壮的失败之处。因为正如一位学者所说:"中国问题之解决,最吃紧的是人的现代化,而儒学不可能塑造现代化的人。"❶ 当然,陈渠珍在当时是不可能认识到这一点的。何况一开始陈渠珍不仅具有文化上的保守主义,还具有边地所特有的地方主义。

前面我们说过,湘西历来是"化外之地",当地人过着桃花源般的

---

❶ 启良:《新儒学批判》,上海三联书店1996年版,第4页。

生活，没有太多国家的观念，不知有汉何论魏晋，正是沈从文笔下所称的"野人"。虽然"改土归流"后，没有了土司制度，但斯人领斯地的观念已经根深蒂固，所谓"湘西是湘西人的湘西"。清末民初的湘西事实上进入了后土司时代，中央政权和外来流官根本插不进去。陈渠珍所搞的湘西自治，固然促进了地方发展和建设，但实际上也加强了对湘西的地方控制。这也是蒋介石和何键对其视为障碍的原因。不过到了抗日战争期间，陈渠珍的地方意识发生了动摇。

1937年陈渠珍到长沙负责难民救济工作，他亲眼目睹在日寇侵略下难民们的悲惨生活。而且他的旧部一二八师在前线打仗之后，一些受伤、生活无着落的士兵流落长沙，给他极大的刺激，更激发了他的民族主义意识。先前那种仅仅局限于湘西一地的地方意识大大地被国家和民族的观念所代替。所以当1938年张治中将军邀请陈渠珍出山时，陈渠珍能在湘西采取"容共、抗日"的政策。然而这改变不了他必然被时代淘汰的命运。因为陈渠珍的悲剧根源还在于国家的大一统必然要取代地方主义，割据一方的军阀政治必然结束，哪怕这是一个具有理想主义色彩的军阀，他依然要被时代所遗弃和湮没，而"苗疆"、"边城"这样的名词也彻底地成为了历史。

所以我们可以理解沈从文将他的小说命名为《边城》其实有着很浓的挽歌意味，因为随着"边城"消失的，是那些曾经如此朴素、诚实、勇敢、血性的民族精神，如此优美、忠诚、纯真的人性。

青山依旧在，几度夕阳红。如今历史只留下芫野尘梦一缕，留下曾经守护这片土地的古老兵团最后一个首领那无比悲壮和苍凉的手势。

但这并不意味着陈渠珍的为政与治军对今天的湘西乃至国家没有可资借鉴的地方，濡化民风，振奋民气，开启民智，关注民生，以图地方发展，是可以向湘西王学习的。他以传统文化为本位，以"仁"为追求，以"民生"、"民治"为目的的政治实践，在当时已经实属不易，在今天也依然有他的价值。何况他留下了一本惊才绝艳的《艽野尘梦》，留下了一段可以让无数红尘男女痴迷的爱情传奇。

我想起自己曾在湖南图书馆安静宽大的阅览室里翻阅湘西文史资料《血战嘉善———一二八师抗战纪实》时看到的一句话：

大千世界，芸芸众生，对于一种特定人格的信奉，能使人获得生存的毅力，这种毅力能够影响他的命运，但是，不管人格力量多么巨大，只有历史才能决定你的成功与失败。

我想以此作为本书的结束语，历史是一面镜子，文化则是我们的根。一个民族一定不能没有自己的文化，一定不能轻率地丢掉和否定自己的文化，当然，也不能固守旧有的传统。你可以改良它，让它去适应新的时代，但不能将自己的根都连根拔起。否则整个民族就成了一个没有文化根基，在精神和信仰上找不着北的民族。

时值陈渠珍先生诞辰130周年，2012年7月，先生的灵骨回归故里安葬，葬于凤凰县南华山，从此与故乡的青山绿水为邻，他的后人子孙有100多人，开枝散叶于三湘大地。

人去江湖远，寂寥天地间。

陈渠珍成为了一个传奇，但，又不仅仅只是一个传奇。

第十三章　侠骨仁心

附录一　沈从文与竿军及陈渠珍的渊源考证

沈从文对于民国湘西的文学想象成为现代文学史上的经典。在他的湘西文学中有一类非常重要而又常常被人们所忽视的题材，那就是对于民国湘西地方军人的文学描写。在《边城·题记》中他说过：

对于农人与兵士，怀了不可言说的温爱，这点感情在我一切作品中，随处都可以看出。我从不隐讳这点感情。我生长于作品中所写到的那类小乡城，我的祖父，父亲以及兄弟，全列身军籍：死去的莫不在职务上死去，不死的也必然地将在职务上终其一生。就我所接触的世界一面，来叙述他们的爱憎与哀乐，即或这支笔如何笨拙，或尚不至于离题太远。因为他们是正直的，诚实的，生活有些方面极其伟大，有些方面又极其平凡，性情有些方面极其美丽，有些方面又极其琐碎……

沈从文对于湘西地方军人题材的钟爱既和民国湘西政治文化有关，也和沈从文自身的经历有关。

一、沈从文与竿军的关系

竿军是湘西一支颇有历史的著名地方兵团。这支部队是清末民初以湘西绿营巡防军为前身，大多数官兵是湘西苗、土家、白等各族子弟，勇敢善战，因驻扎地为镇筸（即现在的凤凰），被称为"筸军"。作为一支地方军事力量，筸军自清末加入曾国藩的湘军集团始就开始形成一种影响地方民风的湘西军事文化。早在太平天国时期，在加入湘军攻打太平天国的战役中筸军表现就十分突出，后来论功行赏也出了很多高级将领。其中最有名的算是做过贵州提督的田兴恕以及沈从文的先人沈宏富。筸军不独在清末辉煌，并由于将领们的衣锦还乡而在凤凰当地形成了一种尚武风气和军人文化。

沈从文本人和这种军人文化传统有着深切联系。

首先他的祖父沈宏富就是筸军中的将领，后来凭借在镇压太平天国之役中的军功做到过贵州提督。虽然从他父亲开始家道渐渐中落，但沈家依然是当地有影响的家族，和凤凰当地士绅大族都有密切的姻亲关系，祖先荣耀的光环一直未曾完全褪去，沈家也一直怀着"再来一个将军的梦想"❶。沈从文的弟弟沈岳荃后来成为民国筸军中的高级军官。沈从文从1917年到1923年之间在湘西地方部队里做了一名士兵，亲身经历了民国湘西一段杀戮野蛮的地方部队生活。而且他曾经做过民国湘西历史的缔造者——号称湘西王的地方军阀陈渠珍的秘书。因此沈从文对于湘西地方军人政治中的高层与底层社会均有亲身经历的体验，深受民国湘西军人文化的浸润和熏陶。但他没有成为一名湘西地方部队的军官，也没有成为一位地方绅士，而最后选择从边地突围，走出湘西。这和民国时期湘西地方的军人政治文化有着密切关系。

黄永玉曾经说过："湘西老一代军人传统，地方部队总是有义务寄养一批批候补的小文人小作家。名义上是当兵，其实一根枪也没摸过，一回操也没上过，在部队里跟着伯伯叔叔厮混，跟着部队四处游走。表

---

❶ 凌宇：《从边城走向世界》，岳麓书社2006年版。

叔沈从文如此，永厚二弟也是如此。"❶ 虽然没有打过仗，开过枪，但湘西地方军人文化传统却对沈从文的命运有着深刻的影响。他一系列有关湘西的文学叙事中多涉及湘西地方的竿军文化。在写到湘西和自己在湘西的经历时他还经常写到一位具有政治功绩而又极具文化人格魅力的上司——民国时期竿军的统领官陈渠珍。

二、沈从文湘西叙事中的统领官形象

（一）一个具有游侠风度的军人政治家审美形象

沈从文在《凤凰》一文中写到：

军人政治家，当前负责收拾湘西的陈老先生，年仅六十，体气精神，犹如三十许青年壮健，平时律己之严，驭下之宽，以及处事接物，带兵从政，就大有游侠者风度。少壮军官中，如师长顾家齐、戴季陶辈，虽受近代化训练，面目文弱和易如大学生，精神上多因游侠者的遗风，勇鸷彪悍，好客喜弄，如太史公传记中人❷。

这里所说的陈老先生即影响"民国"湘西政局数十年的湘西王陈渠珍。对陈渠珍有类似评价的还有不少人。他的同仁好友曹典球评价他："君智深勇沉，而性情恳挚，卓然有古人之风。"与他同时代的湘人、曾担任俄国参赞的陈继训称他是"儒而侠者"❸，都反映出陈渠珍"侠"的文化品格。这种游侠气度从何而来，主要有两个方面。一是湘西地方素有尚武之风，地方上上层阶级多为行伍出身，故军人勇武豪侠的风气

---

❶ 黄永玉：《晨钟暮鼓八十年》，《书屋》，2007 年第 3 期。
❷ 沈从文：《凤凰》，《沈从文散文选》，人民文学出版社 1985 年版，第 285 页。
❸ 陈元吉：《陈渠珍遗著》，湖南人民出版社 2008 年版。

甚浓。故陈渠珍虽为读书人出身，却颇有侠气，甚至将这种地方上的豪侠风气融入了军人人格之中，从而影响了湘西地方的年轻军官，形成了一种"稀有的富于朝气"的军官精神，这是极为沈从文所肯定的。

另外还有一个重要的原因，在沈从文看来，湘西地方具有游侠传统，其由来颇与湘西地域文化中的楚巫文化有关。神在这里被普遍地信仰着，尚未解体。这种神之信仰的背后，既是人性的纯朴，观念的单纯，以及洋溢在人际交往中的脉脉温情，又有野蛮的一面。"但就连这野蛮，也似乎渗透着敢于拿来与神对面的率直与天真。"❶ 因了这好鬼信巫的宗教情绪，"地方可说充满了迷信，然而那点迷信却被历史很巧妙的糅合在军人的情感里，因此反而增加了军人的勇敢性和团结性"、"个人的浪漫情绪与历史的宗教情绪结合为一，便成游侠者精神，领导得人，就可成为卫国守土的模范军人"❷。由楚巫文化的宗教情绪与湘西人浪漫的文化个性结合而形成的游侠精神自然地在本地军人的价值观念上发生着影响，形成了一种兼具理想和热情的军官精神，陈渠珍正是这种稀有军官精神的代表。在沈从文的作品中出现了不少这样的湘西地方军人形象，如《灯》中的老司务长，《虎雏再遇记》中的虎雏以及《过岭者》、《黑夜》等小说中的军人形象，他们天真烂漫，勇敢率真，心地单纯，被沈从文看成是湘西进步的希望所在。

（二）兼具开放性与保守性的地方长官

陈渠珍在民国湘西主政期间保境息民，力行自治，发展教育和经济的求索之路，也能接受一些新思想，实行与时代相适应的举措，比如教育的现代化。但他思想里仍然是封建军阀的尚武思想，具有封建性和保

---

❶ 凌宇：《沈从文传》，东方出版社2009年版，第28页。
❷ 凌宇：《从边城走向世界》，岳麓书社，2006年版。

守性。陈渠珍曾在晚年的《自传》中说:"早年读书很醉心于'礼运大同',希望这种政治能够实现,人民可以得到真正的幸福。"❶ 因此他的湘西重造之梦仍然是局限于传统社会格局的小农意识理想。

接田手的陈渠珍,头脑较新,野心却并不大,事实上心理上还是"孤立割据自保占上风。北伐以前,孙中山先生曾特派个代表送了个第一师长的委任状来,这位统领大人十分客气,请了一回客,送了两千元路费,那个委任状却压在我垫被下经年毫无作用,这自然就有了问题,即对内为进步滞塞,不能配合实力作其他任何设计改进设计,对外则保持一贯孤立状态。他本人倒自律甚严而好学,新旧书都读得有一定水平,却并不鼓励部下也读书❷。

文中特意提到的对于革命新思潮没有表示出兴趣的这一细节充分反映了陈渠珍思想上的传统保守性。陈渠珍确实是个思想保守的军人政治家,他周旋于湘西各种政治势力之中,既不买湖南省主席何健等国民党高层的账,也无心加入共产党的革命行列,只想在乱世中关起门来做一方诸侯,对此沈从文一直很不以为然,对陈渠珍的军人政治对地方造成的负面影响也进行了批评。虽然陈渠珍有重造湘西的理想,但并非一个能引领湘西走出转型期困境的思想家和改革者,这使湘西在民国出现短暂的安宁局面后依然受到贫穷和混乱的困扰。

因此总结沈从文在其湘西叙事中对陈渠珍的刻画,则可以感觉到沈从文对于陈渠珍审美评价的双重性。一方面他对于陈渠珍的道德人格和学问十分欣赏和肯定,尤其是陈渠珍作为竿军的统领,对湘西地方军人

---

❶ 陈元吉:《陈渠珍遗著》湖南人民出版社 2008 年版,第 9 页。
❷ 沈从文:《一个传奇的本事》,《沈从文散文选》,人民文学出版社 1985 年版,第 389 页。

精神的正面影响甚至被沈从文看做是湘西发展和进步的希望和力量所在；但另一方面，沈从文对于陈渠珍军人政治的致命缺陷有着清醒认识，认为其保守和孤立的军阀政治不能使地方充分与外界交流和接轨，亦缺乏能引领大众前进的伟大思想。

（三）陈渠珍的军人政治促进了边地近代化的传播

有人评说"沈从文的脚步，一直牵着陈渠珍的影子"，这话有一定道理。这种影响首先还不在于陈渠珍对于沈从文个人的影响，而在于他为了实现自己的政治理想，力图自治，以军事权力大力推行教育和文化事业，形成了令湘西地方风气为之一新的社会文化大背景。"那个统领官既力图自强，想为地方做点事情，因此参考山西省的材料，亲手草了一个湘西各县自治的计划"。因此"地方骤然有了一种崭新的气象"❶。

沈从文所处时代的湘西正是以田应诏—陈渠珍为首建立的湘西自治军人政府执政的时代，《边城》中开头便体现了民国时期湘西社会军人政治下相对安乐的景象：

两省接壤处，十余年来主持地方军事的，注重在安辑保守，处置还得法，并无变故发生。水陆商务既不至于受战争停顿，也不至于为土匪影响，一切莫不极有秩序，人民也莫不安分乐生❷。

在现实中，陈渠珍治下的竿军也与之前沈从文所待的军队有极大的区别。1921年19岁的沈从文因为在芷江单恋一女子，被骗去1000多元钱。他因羞愧出走到常德，在常德所看到的一个清乡军队的面貌令他感受很深。这军队是靖国联军第一军的一部分，沈从文曾经待过。如今由

---

❶ 沈从文：《学历史的地方》，《沈从文散文选》，人民文学出版社1985年版，第109页。
❷ 沈从文：《边城》，北岳文艺出版社2002年版。

陈渠珍指挥,贺龙正在此做支队司令。

我离开那个清乡军队已两年,再看看这个清乡军队,一切可完全变了。枪械、纪律,完全不像过去那么马虎,每个兵士都仿佛十分自重,每个军官皆服装整齐凸着胸脯在街上走路。平时无事兵士全不能外出,职员们办公休息各有定时;军队印象使我十分感动❶。

如果看《从文自传》,这里所描述的对地方竿军的感受是个值得注意的变化。之前沈从文所在的部队,除了杀戮就是混日子,他描述1919年在怀化镇时的情况:"我在那地方约一年零四个月,大致眼看杀过七百人。一些人在什么情形下被拷打,在什么状态下被把头砍下,我皆懂透了。又看到许多所谓人类做出的蠢事,简直无从说起。"❷而陈渠珍主政竿军后,让沈从文看到了军队的新气象。

1922年沈从文在湘西巡防军统领部谋得司书职位。这个时候陈渠珍已经是当地最高长官。"这统领便是先一时的靖国联军一军司令,直到现在,还依然在湘西抱残守缺,与一万余年轻军人同过那种甘苦与共的日子。"❸在沈从文看来,军队"力图自强,日有振作"❹。这个渴望有所作为,凡事堪做表率的统领官给竿军以及军人政治的地方带来了新气象。陈渠珍所管辖的竿军此时"全不与我三年前所见的军队相像。一切都得那个精力饱满的统领官以身作则,掰画一切,调度一切,使各人能够在职务上尽力,不消沉也不堕落"。因此陈渠珍对于湘西的意义不仅在政治上,他更有着一种影响地方也影响沈从文个人文化人格之魅力。

陈渠珍此时积极在保靖实行自治。他从长沙请来青年教师,在保靖

---

❶ 沈从文:《常德》,《沈从文散文选》,人民文学出版社1985年版,第82页。
❷ 沈从文:《怀化镇》,《沈从文散文选》,人民文学出版社1985年版,第59页。
❸ 沈从文:《保靖》,《沈从文散文选》,人民文学出版社1985年版,第87页。
❹ 沈从文:《姓文的秘书》,《沈从文散文选》,人民文学出版社1985年版,第69页。

开办师范讲习所、联合模范中学，为退伍士兵办了三个职业中学、六个小工厂，一个模范林场，还有一个六千人的军农队。他还开办了一家报馆、一份期刊来宣传他的革新方案❶。陈渠珍特别重视发展现代教育，曾在一次教育改进会的章程审查会上演讲，说"他人以枪支争权夺利，扩张势力，鄙人则以枪支整顿教育，振兴实业，尽心桑梓义务，以此收束身心，解诸烦恼"❷。他的兴教目的，是想民智开通，民生能遂，到时候，能风清俗美，共享太平。虽然目的保守，但毕竟体现了时代的风气，乃至受到五四运动余波的影响，使湘西这个传统贫穷落后愚昧的地方开始和时代以及现代化接轨，也使沈从文不可避免地受到地方风气影响，感到向外探求的渴望。

（四）沈从文在竿军中打下了日后从事文学创作和艺术研究的深厚基础

陈渠珍是个具有士人色彩的传统军人政治家，他一方面行军打仗，一方面却喜欢谈玄说理，读书不辍。在保靖做陈渠珍文书时的沈从文觉得带了这么多书行军的长官实在罕见，更何况"每个日子治学的时间，似乎便同治事的时间相等，每遇取书或抄录书中某一段时，必令我去替他作好。那些书籍既各得安置在一个固定地方，书籍外边又必须作一识别，故二十四个书籍的表面，书籍的秩序，全由我去安排。旧画与古董登记时，我又得知道这一幅画的人名时代同他当时的地位，或器物名称同它的用处。全由于应用，我同时就学会了许多知识。又由于习染，我成天翻来翻去，把那些旧书大部分也慢慢的看懂了"。不仅如此，在闲暇无事的时候，陈渠珍的古董旧画也成了沈从文进入传统艺术殿堂的铺

---

❶ 金介甫：《沈从文传》，湖南文艺出版社1992年版，第54页。
❷ 陈元吉：《陈渠珍遗著》，湖南人民出版社2008年版，第459页。

路之石:

> 无事可做时,把那些旧画一轴一轴的取出,挂到壁间独自来鉴赏,或翻开《西清古鉴》、《薛氏彝器钟鼎款识》这一类书,努力去从文字与形体上认识房中铜器的名称和价值。再去乱翻那些书籍,一部书若不知道作者是什么时代的人时,便去翻四库提要。这就是说我从这方面对于这个民族在一段长长的年份中,用一片颜色,一把线,一块青铜或一堆泥土,以及一组文字,加上自己生命做成的种种艺术,皆得了一个初步普遍的认识。由于这点初步认识,使一个以鉴赏人类生活与自然现象为生的乡下人,进而对于人类智慧光辉的领会,发生了极宽泛而深切的兴味。若说这是个人的幸运,这点幸运是不得不感谢那个统领官的❶。

在一份偶然的机缘中,沈从文以一种十分特殊的方式,承受了民族文化的广泛熏陶。他的历史、文学、艺术的中国传统根子,就是在这里扎下的。可以说,沈从文这段时期所接触的中国古代历史、文学、艺术,深深影响了他后来文学创作的风貌,"浸透在他创作中的古典文学修养、后半生从事文物研究必需的学识基础,乃至他对中国书法历史的透彻了解,几乎都能在这里找到最初的源头"❷。

(五)陈渠珍成为沈从文走上文学道路的命运推手

当沈从文决定离开湘西,去更广阔的世界探索人生时,陈渠珍给予了这个湘西青年物质和精神上的鼓励,成为其命运的重要推手。

在保靖时期,因为促进乡治的实现与实施,设立了一个报馆,这报馆首先印行的便是陈渠珍实施乡治的各种条例与各种规程。"文件大部

---

❶ 沈从文:《学历史的地方》,《沈从文散文选》,人民文学出版社 1985 年版,第 106 页。
❷ 凌宇,《沈从文传》,东方出版社 2009 年版,第 117 页。

分由那统领官亲手草成，乡代表审定通过，由我在石印纸上用胶墨写过一次，现在既得用铅字印行，一个最合理想的校对，便应当是我了。"❶

而正因为受到这种地方新气象的鼓舞，在报馆中又得以从报纸和新书上得到关于陌生世界的新知识❷，沈从文才有了勇气向新世界探寻新生活。而在他说出自己去北京读书的打算时，陈渠珍表现得非常开明。"尽我拿了三个月的薪水以外，还给我了一种鼓励。临走时他说：'你到哪儿去看看，能进什么学校，一年两年可以毕业，这里给你寄钱来。情形不合，你想回来，这里仍然有你吃饭的地方。'"❸ 但是沈从文离开保靖后不久，陈渠珍因十万坪一役，陷入政治、财政方面的困境，之后就没能实际资助沈从文。然而，这所有的一切在沈从文的整个人生中得以铭刻❹。

因此同为苗瑶等少数民族聚集地区的云贵地区不能出现像沈从文这样杰出的地缘文学作家并对自身地域文化进行深刻审思，并非仅仅是偶然，实与民国时期湘西地缘政治、文化、历史的特殊性有关。

---

❶ 沈从文：《学历史的地方》，《沈从文散文选》，人民文学出版社1985年版，第109页。
❷ 沈从文：《一个转机》，《沈从文散文选》，人民文学出版社1985年版，第110页。
❸ 沈从文：《一个转机》，《沈从文散文选》，人民文学出版社1985年版，第114页。
❹ 在金介甫的《沈从文传》中有一说法，见第296页，即陈渠珍是在沈从文姨父的劝说下让沈从文离开部队。

附录二 陈渠珍生平简表

1882 年 9 月，陈渠珍生于凤凰。

1896 年，14 岁，受教于凤凰聂明德（字简堂）的私塾。

1898 年，16 岁考上秀才，入沅水校经堂读书。熊希龄、张学济都曾就读于此。

1903 年，21 岁考入湖南武备学堂附设的兵目学堂。

1904 年，以优异成绩升入武备学堂将弁班学习，时年 22 岁。

1906 年，毕业，被分配到宁乡任见习军官，半年后，调回长沙任湖南新军第四十九标队官（连长），在长沙加入同盟会。后辞去职务，回凤凰坐观形势变化。

1907 年，与林修梅、黄汉章等五人同去湖北武汉见赵尔巽，后又拿着赵尔巽的介绍信去四川投奔赵尔丰。

1909 年钟颖率部进军西藏，陈渠珍任援藏军一标三营督队官，参加了工布、波密等战役，被调升为管带。

1910 年，罗长裿接替钟颖职务。陈渠珍驻军西藏德摩，在此娶藏女西原。

1911 年底，陈渠珍策动 150 名湘籍士兵，取道酱通沙漠（今称"羌塘"）东归。

1912 年 6 月，陈渠珍到达西安，西原患麻疹病逝。

1913年底，陈渠珍辗转返归故里，回凤凰任湘西镇守使署中校参谋。

1914年，田应诏委陈渠珍办湘西军官训练团。

1917年，田应诏电召陈渠珍从酉阳卸职回凤凰，任命其为镇守使署副参谋长，主办新军训练，旋又升任参谋长。

1917年10月，孙中山通电不承认北京段祺瑞政府，出师北伐，护国战争开始。湘西镇守使田应诏出任湘西护国军第二军司令，陈渠珍任参谋长兼第一梯团团长。

1918年，护法战兴起，陈任湘西镇守使田应诏组织的护法军第一路军参谋长兼第一梯团团长，旋代理第一路军司令。

1920年11月，陈渠珍出任巡防军统领兼辰沅剿匪总指挥。迫使土著武装有所收敛，有的四散逃匿。

1921年，陈渠珍兼湘西巡防军统领，移驻保靖。在保靖分别设立军工修造厂和被服厂，仿造汉阳步枪、子弹和军用被服。

1925年，川军军长汤子谟率部进攻陈渠珍。陈渠珍部队从保靖退驻乾州。

1925年4月15日，省长赵恒惕任命贺龙为澧州镇守使。10月13日，赵恒惕通电令湘军讨伐贺龙部。陈渠珍为左路指挥。

1925年，省长赵恒惕任命陈渠珍为湘西屯边使。建国川军过境湘西，湘西巡防军统领部由保靖移驻凤凰。陈渠珍以川军过境，桑梓受损，引咎辞职，湘西镇守使田应诏重主湘西军政。陈渠珍隐居沱江下游猫儿洞。不久复职，重掌军权，田应诏彻底退出湘西军政界。

1927年，唐生智复任命陈渠珍为第十九独立师师长，陈遂回驻凤凰。为培植地方武装势力，他兴办了军官教导团、经武学校和国术训练所等机构；编著了《军人良心论》等教材。

1929年7月,贺龙在桑植建立革命根据地,贺龙领导的红四军在桑植县建立革命根据地,陈派永顺保安团长向子云率部进犯,被红军击溃,向子云淹死。陈渠珍奉命又派周燮卿等部2万多人进攻红军,红军被迫撤离桑植。

1930年10月28日,陈渠珍被蒋介石政府任命为国民革命军第三十四师师长。

1930年6月,国民党推行"清乡"围剿,在龙山县里耶设立湘鄂川黔边防联团委员会,陈渠珍任委员长。

1931年,陈渠珍新居落成,署其门额曰:"寥天一庐"。语出自《庄子》"安排而去化,乃人于寥天一"。

1931年,与何键取得暂时妥协,陈渠珍转过手来抓军事,写成《军人良心说》,加强军事训练。办"大同学社"。

1931年,陈渠珍派戴季韬与何键所派之吗啡商刘益章合伙筹办吗啡厂。

1932年,陈渠珍被委任为国民革命军新编陆军三十四师师长。

1932年夏,陈渠珍与何键合办之吗啡厂投产,厂址在凤凰县城昭忠祠内。

1932年9月1日,陈渠珍在凤凰县成立"湘西农村银行",以官商各半的形式开办,总行设在沱江镇中的正道街门口,参股的其余10县都设有办事处,在湘西开展存款、贷款、汇兑等业务。对于调剂湘西金融和繁荣城乡经济起了一定作用。

1932年,王家烈与陈渠珍在洪江设立"特税局",接送滇黔烟帮。

1933—1934年,陈渠珍扩充兵力,军用浩大,银行的收入不够军费开支,加之总行金库发生严重偷窃事件,出纳和管库人员贪污舞弊,军款亏空,发行票币无力兑现,群情恐慌。所辖办事处也经营不善,弊端丛生，导致湘西农村银行及所属分支机构均于 1935 年倒闭。

1933 年 3—4 月间，建"湘西十三县农村建设分会"，作为主办农村建设的权力机关。由于地方有些事情，军队不便直接干预，陈渠珍以"疏通民意"为名，设立一个"联团委员会"来加强对地方的控制。这个委员会为陈歌功颂德，掌握地方情况，出了很大力，是陈统治湘西的重要工具之一。

1933 年底到 1934 年秋，陷入与黔军王家烈（与何键勾结）的混战。混战结束后，依附陈渠珍的黔军残部达 4500 人。陈的部队正规军已有 2 万，外加 10 多个保安团，屯务部队和黔军近 5000 人，足可编为一个兵团。其势力范围扩大到 20 余县，还伸展到湘黔边境的其他 20 多个县。但经此次战争，政治、军事上虽胜利，经济上却是惨败。

1933 年元旦，夏曦拒绝与陈渠珍合作。曾受到陈渠珍庇护的共产党员覃辅臣被何键杀死。

1934 年，贺龙创建了湘鄂川黔苏区，因与中央红六军团在贵州会师借道湘西，陈渠珍再次配合安排放行，让红军减少了不必要的伤亡。

1934 年 3 月，湘西凤乾绥古保泸麻七县屯务军指挥部成立，驻永绥县，由国民党新编第三十四师师长陈渠珍委任宋濂泉担任指挥官。

1934 年 11 月 17 日，贺龙领导的红二、六军团进占永顺，何键令陈渠珍堵击。陈渠珍部龚仁杰、周燮卿两个旅在追击红军途中受到红军的猛烈袭击，死伤 3000 多人。此为"十万坪"一役。

1935 年春，何键趁红二、六军团配合中央红军长征之机，逼迫陈渠珍部接受改编，其部队改由顾家齐、包移率领开出湘西，陈渠珍以"湖南省政府委员"的空衔移住长沙，从而第一次结束了他在湘西的割据局面。

1936 年 6 月 24 日晚，湘西屯务军营长宋濂泉纠集保靖县游杂武装头目贾焕武、田柏卿、李安江等300余人，并将所藏武器装备旧部，袭击陈渠珍派驻麻栗场的屯务军刘润淮部。陈渠珍旋即调集各县屯务大队驰援。时称"永绥事变"（不久，陈辞去湘西屯务处处长职务）。

1936年，陈渠珍54岁，于长沙麻园岭居处"寥天一庐"写《艽野尘梦》。

1938年4月，湖南省政府沅陵行署成立，省府委员陈渠珍任主任。

是月，陈渠珍在乾城县城小溪庵创办"三一"纺纱厂。职工300余人，年产棉布800匹。总产值80余万元。

1938年7月4日，陈渠珍到武汉第一次面见蒋介石。

1938年，"七·七"抗战周年，沅陵行署办的《国民日报》发表了陈渠珍写的《湘西在抗日战争中的重要性》。提出沅陵行署的施政纲领及当前若干重要措施。

1938年8月24日，发布《告湘西民众书》，雷厉风行进行剿匪，并进一步提出一个关于开发湘西的方案。创办《湘西合作通讯》，积极推广种棉，抓文化教育，在各县创办师范学校。

1938年冬到1939年春，陈渠珍担任湘西绥靖主任期间，湘西抗日救亡运动轰轰烈烈。沅陵行署主办的《国民日报》、《晨钟日报》、《沅畴日报》，特别是田汉、廖沫沙主编的《抗战日报》，以及凤凰县《大众呼声》和《洪江晚报》、《铎报》等，都对抗日救亡大张旗鼓地进行宣传。陈渠珍还公开支持两个抗日的专业剧团。

1939年2月躲过薛岳暗算，到达重庆，面见张治中。

1944年4月，由南川而往印江。

1945年秋，携家属回到凤凰县，变卖田产，办了几家纺纱厂、织布厂和制牛毛帽子厂。

1948年11月，金圆券急剧贬值，湘西各地市场出现以物易物，拒绝使用金圆券，陈渠珍以个人名义发行米票三万担，流通市场，并予兑现。

1949年3月2日，沅陵发生兵变。凤凰县城"一日三惊"。陈渠珍出面维护地方治安，组成凤凰县防剿委员会，成立自卫队。

1949年6月，陈渠珍先后接受宋希濂和省主席程潜委任的"湘鄂边区绥靖副司令"及沅陵行署主任的职务，并移署乾城。18日，召集湘西各县代表举行善后会议，调解派系纠纷。

1949年7月，戴季韬向陈渠珍转告全国即将解放之形势，陈渠珍表示不再受命，移居凤凰县黄丝桥。

1949年8月，湖南和平解放，中国人民解放军第二野战军部队向大西南挺进。陈渠珍由乾城退至凤凰黄丝桥。中共湖南省委、湘西区党委及人民解放军第四十七军多次派员到凤凰策动陈渠珍和平起义。陈权衡得失后，同意和平起义。

1949年10月，王尚质受第二野战军之命，从长沙至黄丝桥会晤陈渠珍，阐述中共统战政策，劝其率领行署起义。陈渠珍当即表示响应程潜通电，并通知驻乾城之戴季韬准备"迎解"。

1950年，陈渠珍被特邀参加全国政治协商会议扩大会议，谒见了毛主席、周总理，并与贺龙元帅畅叙旧情，继而任湖南省人民政府委员。

1952年2月，患喉癌病逝于长沙，葬于长沙南郊。

2012年7月，陈渠珍归葬故乡凤凰的南华山。

附录三　参考书目

[1] 鲁岚《陈渠珍》,湖南人民出版社,1989年版。

[2] 杨学东《何键传》,东方出版社,2005年版。

[3] 杨学东《湘西"土皇帝"陈渠珍传》,湖南人民出版社,2010年版。

[4] 田俐等《侠骨儒心——湘西人杰陈渠珍》,湖南文艺出版社,2011年版。

[5] 湖南省地方志编纂《湖南通鉴》,湖南人民出版社,2008年版。

[6] 段汝霖《楚南苗志 湘西土司辑略》,岳麓书社,2008年版。

[7] 陈元吉编《陈渠珍遗著》,湖南人民出版社,2008年版。

[8] 蒋子丹《边城凤凰》,河北教育出版社,2003年版。

[9] 周秋光《熊希龄传》,湖南师范大学出版社,1996年版。

[10] 王阳明《传习录》,中州古籍出版社,2008年版。

[11] 陈志让《军绅政权——近代中国的军阀时期》,广西师范大学出版社,2008年版。

[12] 张朋园《湖南现代化的早期进展》,岳麓书社,2002年版。

[13] 《血战嘉善——一二八师抗战纪实》,湘西文史资料。

[14] 郑焱《近代湖湘文化概论》,湖南师范大学出版社,2008年版。

[15] 李康学《大湘西演义》,民族出版社,2004年版。

［16］启良《新儒学批判》，上海三联书店，1996年版。

［17］彭先国《湖南民国土匪史探》，湖南师范大学出版社，2002年版。

［18］《湘西文史资料》数辑。

［19］吴思《血酬定律》，中国工人出版社，2009年版。

［20］李树喜编《江湖——中国近代帮会》，中央编译出版社，2007年版。

［21］龙迎春《民间湘西》，广东旅游出版社，2007年版。

［22］刘鹤博士论文《抗战时期湘西现代化进程研究》。

［23］张治中《张治中回忆录》，华文出版社，2011年版。

［24］张鸣《武夫专制梦——中国军阀势力的形成及其社会作用》，国际文化出版公司，1989年版。

缘起（代后记）

一 因

5年前，我在写博士论文的时候，发现出生在湘西凤凰县的现代大作家沈从文的自传中多次提到一位统领官，这位统领官引起了我的兴趣。这位统领官能文能武，亦儒亦侠，是个军人，又更像个士人。接着我又惊喜地发现他写了一本极为精彩的自传《艽野尘梦》，读完之后我从此成为他的粉丝，并开始收集他的资料，继而发现他还雄心勃勃地创立了一个良心论的哲学思想体系，这使我有了研究他的兴趣。我说的这位研究对象就是民国时期名震西南，统治湘西长达20余年的湘西王陈渠珍。

越了解，越感到他的深邃，他的寂寞。

因为这么多年，他的历史一直处于被误读，甚至被妖魔化的状态。如今少有人知道他曾建立的功业，没有人关注他曾力倡的思想主张，更无一人能读懂他的生命情怀。人有大我和小我之分，也有大情怀和小情怀之分。在陈渠珍的文字和经历中我体验到了一种大情怀，越是懂得，越是觉得苍凉，其中原因，大家从我粗浅的讲稿中也许能够了解到一二。

我对陈渠珍的研究其实是将其放在近代转型背景下湘西边地士人精英的行列中来审视的。因为他之前，有熊希龄，他之后有20年后出生的沈从文。他们之间既有承传，也有共同之处。他们所处的地域文化在他们的思想中有着不可磨灭的影响，这使他们具有某种边地文化类型特征。然而陈渠珍尤其不同的是：他甚至比清末翰林熊希龄更具有纯粹的传统士人风度，宋明理学、老庄之道、佛家思想都在他的思想中留下深刻的痕迹；他愿意以一己之力，坚持不懈地实验在边地的大同之梦；他还具有人格上的感召力，和道德上的理想主义色彩。

著名画家凤凰人黄永玉先生曾说过对陈渠珍印象最为深刻的一件事，就是1950年陈渠珍携夫人们坐轿子去高村（在麻阳）搭船，前往沅陵，当时湘西行署所在地，那是他一生在凤凰的最后一天。那一天，全凤凰的老百姓都到回龙阁去送他。

黄永玉充满感情地说，当时大家都不说话，也没有口号，就是目送他，他也不停向左右招手。黄永玉最后意味深长地说，看到过这样的现象的人今天恐怕也不多了。我知道黄老先生想说的是，什么样的人才能得民心如此呢？今天何曾还有能得民心如此的人呢？

之前细读过王立新先生的《天地大儒王船山》，荒山野岭之间，圣人情怀如林间明月，泽披万物，又联想起阮籍的《大人先生传》，其实文化血脉和道德精神在寂寞和艰辛中始终生生不息地流传着。

我敬仰那在荒山野岭著书立说的王船山，乱世之中已达人类恶之极限，他依然能以文化血脉之存续为使命，这要何等的心胸！我也钦佩陈渠珍在乱世之中为了地方百姓，勇者行仁的执着。或者，这是我想讲湘西王陈渠珍最深刻的缘起。

缘起（代后记）

二因

　　还是在1994年读大学的时候,从湖南师范大学校园内的共青湖边上岳麓山,有一个纪念抗日七十三军烈士的忠烈祠。一天,黄昏时分,翠色逼人的岳麓山已经暮色四合,我突生一个念头,决定走进墓室看看。这对于一个女孩子来说是个有些过于诡异大胆的举动。若是平时我是不敢的。然而和自己较劲一般,那天走进去了,先是狭长的甬道,一股幽深的气息,仿佛走进另一个世界。然后看到墙壁上像图书架一样一直砌到顶的层层石板,站在墓室的中间,周围全是这样的石板,应该当年就是用来安放烈士骨灰的吧。向上望去,屋顶透下来一些即将黯淡的天光,那空空的石板上,空虚似乎都变成有质地的实在,我站在那里,静静的,却感到极大的压迫,仿佛那些历史、那些英灵忠魂让我无法顺畅地思想和呼吸。我似乎能感觉到他们的存在,尽管事实上,只是我,静静站在一个空无一物的荒凉的墓室里。

　　接下来,在2007年读博士的时候,我选择了一个有些特别的研究对象——文学中的匪类叙事,这使我必须面对通常都会有的一种好奇,一个女人怎么会对土匪有兴趣。

　　匪,是一个从我的生命中流出的意象。38年前我出生在湘西一个有名的小县城里——芷江,那里山水清秀,却曾经是20世纪上半期匪患极为严重的地方,这里的民众粗豪剽悍,素有匪气,却并不以此为耻。我想追根溯源,自己对于匪的钟情应从曾生我育我的这方山水开始。

　　时隔多年,这次写《湘西王陈渠珍》讲稿的过程中,我更发现了一种神秘的机缘。1939年5月,薛岳是第九战区司令官,兼湖南省主席。他以中央军事委员会的名义,将当时陈渠珍收拢的湘西地方武装整编为新编陆军第六军，军下编第五、第六师，本拟以陈渠珍为军长，但陈渠珍以年老不适军旅为由，拒不受职。这时第五师师长是陈渠珍的学生戴季韬，第六师师长是竿军大佬龙云飞。1940年10月，九战区撤销了第六军的番号，将暂五师编入七十三军，暂六师编入七十九军。

也就是说，岳麓山所祭奠的七十三军抗日烈士，其中就有陈渠珍的湘西竿军旧部，他们当中许多原本都是著名的湘西土匪。

原来，在我的生命中始终存在与湘西的无法割舍的缘分。完成这次讲座，可以说是对这样一种缘分的最好交代。

三因

一直特别喜欢《诗经》中《桃之夭夭》中的句子，"桃之夭夭，灼灼其华"。想象中，有一幅这样的图景似镌入心灵化为永恒：一棵桃树静静立于天地间，黝黑深暗的枝丫间缀满灿烂夺目的鲜妍。

或者这是盛开在桃花源的桃花吧。花树下，已近知命之年的男人正在澄心默思，衣襟间全是不忍拂去的落红。

这个男人由桃之夭夭看到所有生命的真实形象：一切原都是从虚空中来，又回到虚空中去。包括他自己的生命、功业也将随同历史的烟尘永远沉落，剩下的唯有寂兮寥兮的天地。

于是这个男人说，"大地河山，一虚妄境界耳，非宇宙真实之本体也"（《艽野尘梦》序）。他之所以称其为"虚妄"是因为，有成就有毁，有生就有灭，万事万物都是相对的，是流动不居的，今日之我就非昨日之我。盛开的桃花是生命绽放的象征，但生灭之间，它亦是虚妄。

然而，因为它的旋生旋灭，因为一切都是虚妄，盛开就没有意义了吗？不是。

如果以虚妄为假，本体为真，那么假和真是一样有意义的，这个假不是我们平时所理解的那个假，它是相对于真实绝对而言的一种"变易"的状态。

男人说，只有破除这种对相对的执着，也就是破除对"假"的执着，才能把握真实之本体，也就是"绝对"。自古的圣人前贤都在试图把握真实，获得对本相的认知。

《庄子》告诉我们，破对待，明本体，告诉我们那些我们执着的东西都是相对的，不要被表象所迷惑，这是以真见假。而像孔子那样删诗定礼，为万世立人极，也是有意义的，不是虚妄的。因为他在现实中的执着，其目的是以假见真。他们的追求其实是一样的，都是要接近本体。

了不起的圣贤们，有大智慧，知道本体是什么（也即大道），也知道现实的虚妄，他们不因为虚妄就放弃，而是要凭借这虚妄的现实表象世界去建立法度，以贴近道之本体。这是圣人的追求，又何尝不是这个男人的追求。

渺渺尘世中，陈渠珍虽历尽千难万险，却仍然殚精竭虑，要保境息民，让湘西这块热土变成桃花源，成为一个民风朴实、民生无忧、民智开启的和谐社会。他非常明白生命的无常，世事的虚幻，然而他还是要去做，要知其不可为而为之，为什么，因为他勘破了真与假、绝对与相对，本体与虚妄的真相。他要追求的是本体之道，而这个道，不在书本和言论里，不是抽象的，是将仁心付诸实践的行动中。

历代儒者追求大道，尤其是宋明理学，往往注重于自我的个体道德修养，一心在理论上争论如何成为圣人的心法。其实圣人这个玩意儿，就像道德这个概念一样，它是需要以行动来体现的。正如阳明心学说的，致良知，成圣人，需要知行合一，是不可分割，浑然一体的。你看满街嘴里挂着"道德"二字来臧否别人的人，自己何尝真正履践道德，具有道德。有些东西，你一说便是错了，重要的是你如何做，思想必须体现在行动中，这才是知行合一。

正如历史常被认为是某种脱离日常生活的东西，某种处于世界之外和超乎世界之上的东西一样，道（绝对真理）也常常被认为是一个虚玄的东西，并且万物一切都是由这个虚玄的东西所决定主宰。事实上正好相反，是人们的实践在无限接近这个道。陈渠珍以自己的政治实践、军人良心论作为对于湖湘文化、宋明儒学的现代传续，赋予了传统思想以时代的意义。他在真正实践这个道，接近这个道。

这个道，在他看来就是"仁"，就是"良心"，就是以利人利己来建立社会的道德，在现代化的商品经济社会来临后，以此来建立社会的价值秩序。今天看起来，陈渠珍的良心论正是被需要的时候，是今天信仰缺失、价值陨落、道德崩毁的社会最好的解毒剂。所以让更多的人了解陈渠珍和陈渠珍的思想主张，是我的一个使命，这是我之所以来讲陈渠珍的思想之缘起。

四因

这第四因，我要讲的是现实的缘起。

在湖南教育台湖湘讲堂上讲说湘西王陈渠珍，从写到讲只有不足两个月的时间，这完全超出了我自己的想象，湖湘讲堂的工作人员也意外不已。记得 2012 年 6 月中旬的一天，接到制片人柳理的电话，说，师姐，你有没有兴趣来湖湘讲堂讲陈渠珍？之所以柳理称我为师姐，是因为我和他都是湖南师范大学中文系本科毕业，我九二级，他九三级。那时的湖南师范大学中文系极为繁盛，教师人才济济，学生五花八门。

这位师弟就是一湖湘奇人怪才，虽名字中有"理"，但以为他是道貌岸然的理学先生那就大错特错了，说话行文颇为放诞洒脱，不过话糙理不糙，骨子里倒是中正温厚极了。这不，在师姐面前不太好放肆，颇讲礼貌，"鸟"、"贱"、"伪"之类有辱斯文的字眼暂时一概收起，顺嘴骂道旁人时，呵呵两声掩饰过去，继续伪装，好玩得很。

其实这位自嘲"好歹也是教育电视台中层干部"的师弟让我佩服得紧。世风浮泛、文化贬值的今天，居然让他整出一个以打捞湖湘历史、钩沉湖湘人物、弘扬湖湘精神为使命的团队，团队里的这些年轻人都能铁血丹心地跟着他默默做着湖湘文化传播的工作，不能不让人对柳理和他的团队油然而生如滔滔黄河之水的敬仰之心。

当柳理问我是否有兴趣去湖湘讲堂主讲时，我自然是非常有兴趣，其实前几年我们有过这方面的联系，但当时我做湘西土匪的课题，他们没能通过。我问怎么今天又可以做陈渠珍的选题了呢？他笑言，也许是时候到了吧。我将这种机缘理解为天时地利人和，既是如此，我便不想错过这次机缘，因为对陈渠珍先生的研究几乎成了我的一种使命，我没有退路，要赶上这段可以为陈渠珍正名，让更多人来了解他的机缘。柳理让栏目组的编导王笑东先生与我联系。

其实讲座讲稿的问世出炉，应该说是我和笑东共同努力的结果。在不长的一个多月时间的讲稿沟通中，这个80后的小伙子让我刮目相看。因为如果没有笑东的鞭策和鼓励，也许我完不成这个任务。因为我不是一个已经在江湖上扬名立万的学者，至于电视行更没有混过，不过是一个打酱油的女教师，读书治学全凭兴趣。好在也纯粹，不求身外事，只求有会心。这样一来便很没有底，对自己能否完成讲稿上电视去讲，完全没有信心。

笑东却淡定沉静，不急不躁，像牵着盲人过马路，非常有耐心地与我沟通。不知不觉，他的指点建议都不露痕迹地渗透到我的行文和布局中去。我很奇怪他有这样让人能够安定的气场，有温润如玉的君子风度。后来在聊天中得知他有自己的宗教信仰，这才让我恍然。我非常感谢笑东为陈老先生所付出的心血，因为时间太紧，他又想做得更好一点，连日连夜加了很多天的班。感觉得到他的用心和辛苦，但每次电话里听到的都是他明亮如阳光的声音，如同上帝的恩赐。我想起电影《沉默的羔羊》里的一句台词，大意是世界因为有你而更加精彩。笑东正是这样的人。

还有胡广宇先生，我的大学同学，在湖湘讲堂中号称"广爹"，他温煦的笑容和对我的鼓励与嘉许非常感动我。

如今，《湘西王陈渠珍》已经录播完，我对笑东笑言，我像下锅的米，米准备好了，炊成什么样子就是你们的事情了。如同一段缘起，终也有缘灭的时刻。而我将继续在路上行走。"在路上"是一种人生状态。苏东坡说，人生如逆旅，我亦是行人。《红楼梦》里贾宝玉更是红尘中走一遭的顽石。鲁迅先生则写过《过客》。可见，"在路上"的过客意识对于一个人把握人生本质是很重要的。然而大部分人是将他乡认作故乡的。我则会像日本作家春上村树小说中的许多主人公一样，在人生之路上继续去探索人性、思想的奥秘，无论那是黑暗还是光明，我都一样地热爱与珍惜，这也许是我的宿命。

最后我有一个感触，《湖湘讲堂》这个有理念的电视栏目团队，他们不光是在做节目，这种理念和追求氤氲着他们的生命，反过来说他们也用生命在涵养这个理念和信仰。这也许就是王阳明所言的"知行合一"吧。我希望我们都能坚持下去。

缘起自然有缘灭之时。这正是：

　　　　桃花树下英雄老，人去江湖远；

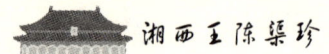

雪域青峰两不负，寂寥天地间。

罗维写于 2012 年 8 月 11 日晚
全书成稿于 2012 年 7 月 1 日
定稿于 2012 年 10 月 25 日

另：在此要特别感谢陈渠珍先生的女儿陈元吉女士为本书提供的有关其父亲的图片资料；感谢我的先生刘朝晖，没有他的支持，我不能在家庭之外从容做自己喜爱的事情；感谢我的单位湖南警察学院对我的研究的鼎力支持。最后还要感谢湖南教育电视台化妆师飞儿，以及摄像师和调音师等工作人员的共同合作，顺利完成了电视讲座《湘西王陈渠珍》的录制。我答应过飞儿，如果出书了，一定送她一本，记得当时她很开心。

注：本书中所用图片有一些来自互联网，因无从找到作者，在此一并致谢。诚请图片作者拨冗赐示地址，以便奉寄样书。